总经理一定要学会
算这本账

全面预算管理

汤婧平 —— 著

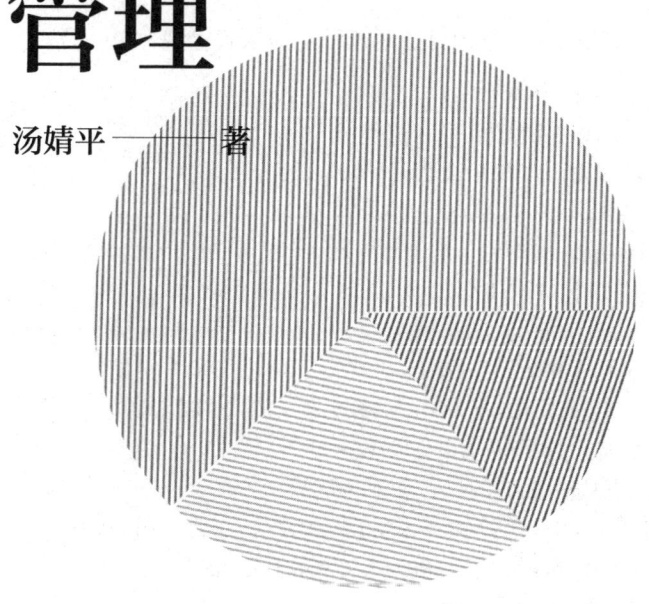

北京联合出版公司
Beijing United Publishing Co.,Ltd.

图书在版编目（CIP）数据

总经理一定要学会算这本账：全面预算管理 / 汤婧平著 . -- 北京：北京联合出版公司，2023.6
ISBN 978-7-5596-6748-9

Ⅰ.①总… Ⅱ.①汤… Ⅲ.①企业管理—预算管理—研究 Ⅳ.① F275

中国国家版本馆 CIP 数据核字（2023）第 041913 号

总经理一定要学会算这本账：全面预算管理

作　　者：汤婧平
出 品 人：赵红仕
选题策划：北京时代光华图书有限公司
责任编辑：孙志文
特约编辑：王萌萌
封面设计：新艺书文化

北京联合出版公司出版
（北京市西城区德外大街 83 号楼 9 层　100088）
北京时代光华图书有限公司发行
北京晨旭印刷厂印刷　新华书店经销
字数 123 千字　787 毫米 ×1092 毫米　1/16　13 印张
2023 年 6 月第 1 版　2023 年 6 月第 1 次印刷
ISBN 978-7-5596-6748-9
定价：58.00 元

版权所有，侵权必究
未经许可，不得以任何方式复制或抄袭本书部分或全部内容
本书若有质量问题，请与本社图书销售中心联系调换。电话：010-82894445

目录 CONTENTS

第一部分　总经理一定要知道的预算常识

第一章　经营企业，一定要懂全面预算 / 003
企业战略的实施离不开全面预算 / 005
预算是绩效管理、资源配置的重要手段 / 014
全面预算可以完善公司治理结构 / 019

第二章　全面预算的常识 / 025
明确预算管理目标 / 027
确定预算管理流程 / 032
预算管理中的常见问题 / 039

第三章　预算前的准备事项 / 047
定目标——确定你要什么 / 049
审信息——原始资料不准，预算一定不准 / 057
学方法——预算编制常用的六种方法 / 063

第二部分　编制预算的技巧

第四章　经营预算：企业的柴米油盐 / 075

　　销售预算——预算编制的起点 / 077

　　生产预算——以销定产 / 082

　　采购预算——以产定购 / 085

　　制造费用预算——以产定耗 / 089

　　人工费用预算——以产定工 / 093

　　单位产品成本预算——预计的成本定额 / 096

　　销售及管理费用预算——预计的费用标准 / 099

第五章　资本预算：企业的投资理财 / 105

　　投资总额的估算——投多少 / 107

　　融资方案的确定——融多少，从哪里融 / 121

　　资本成本的确定——付多大的代价 / 125

　　项目投资回报的估算——多大的回报 / 132

第六章　财务预算：企业未来生存状态的规划 / 139

　　预计资产负债表——多大的"盘子"，什么结构 / 141

　　预计利润表——赚多少，怎么赚 / 150

　　预计现金流量表——有多少钱，哪来的钱 / 158

第三部分　如何把预算做得更好

第七章　预算的保证体系：如何让预算不脱轨 / 167

预算的审核——谁来审，审什么 / 169

预算的组织实施——怎么保证实施到位 / 174

预算执行的监控——没有监督，再好的制度也没用 / 178

第八章　预算的调整、分析及考核：在做的过程中完善自我 / 185

预算调整的原则——以不变应万变 / 187

做好预算，分析和考核少不了 / 193

参考文献 / 201

第一部分

总经理一定要知道的预算常识

第一章

经营企业，一定要懂全面预算

美国通用电气前CEO（首席执行官）杰克·韦尔奇曾这样评价传统预算："传统预算是美国公司的祸根，它根本不应该存在，制定传统预算等于追求最低绩效。"

韦尔奇的这番论断实际上反映了传统预算程序与现代企业经营理念的格格不入。

在 20 世纪，欧美一些企业家也同样视传统预算为阻碍公司有效运作的根源。他们探讨并试图发展一种更适合现代企业组织的管理方式，于是，全面预算管理应运而生。

随着费用预算、绩效预算、设计计划预算、零基预算、作业基础预算和平衡计分卡预算等理论分支的不断壮大，全面预算管理涵盖的内容变得越来越广泛，操作流程也越来越科学。

■ 企业战略的实施离不开全面预算

"企业战略？那是高级管理层的事儿啊！现在职责分工这么

明确,我们做财务的只管做好本职工作——'算好账'就行啦!"

这是我在进行"企业战略与预算管理"调查时听到最多的声音。

在以战略目标为导向的企业管理时代,预算管理作为企业未来的规划,一头连着云谲波诡的市场,另一头连着企业的每一处神经,其重要地位不言自明。

企业预算是企业战略目标的实施载体。战略目标具有宏观性、方向性的特点,而预算具有具体性、可实施性的特点。正因如此,预算管理和企业战略变得荣辱与共。

首先,我们要先解释一下,什么是全面预算。因为本书所有的内容都是围绕这四个字来阐述的。

"全面"的意思是考虑周全,不能遗漏。在企业管理的过程中,预算是一个"面",它不是一条"线",更不是一个"点"。所以,做预算首先是要"全面"。

"预"字,体现的是一个提前期的问题,也就是,事事先做筹划,不能临时抱佛脚。

"算"字,有两个层面的含义。第一个层面的含义是可以推测,料想,这是做预算的基础,如果一个项目没法推测,就不能做预算。第二个层面的含义是可以计量,如果不可以计量,就难以提供确凿有效的信息,难以形成有说服力的结论性材料,不能有效地服务决策。

预算由谁来做

在企业管理过程当中,预算是一件非常重要的事。而现实中,许多企业却并没有真正地认识、重视预算。

任何事情,说到却做不到,都没有实际的意义。就像一个人每天都说"我要努力",但他从来没有任何行动,那么这句话就是一句谎言。企业也是如此,每天都在想如何规划未来,但从来不为未来努力,做再多的规划也没有用。

做预算,是筹划企业的未来,是为企业的未来而努力。如果一个人不规划自己的未来,他的人生就将在浑浑噩噩中度过;如果一个企业不规划自己的未来,它很快就会被市场淘汰。

许多老板在年底的时候对财务部门说:"做个明年的预算给我看看。"

财务部门可以单独做这个预算吗?显然他们是做不了的,即使做出来也是不符合实际情况的,因为预算并非是一个部门就能完成的事,也不是几个人的事情,而是所有人的事情。目标分解后,需要人去做。如果做的人不认同预算,结果就是表格做得很漂亮,预算却不漂亮。

因此,要想系统而持久地开展全面预算,就要从企业整体的视角出发,由各个部门为其提供保障。

全面预算的第一步,是要确定企业预算年度内的重大经营决策内容和重要的财务考核指标，也就是说，"全面预算是战略的一种具体表达"。又因为战略是决策层才能决定的，所以财务部门不能左右战略，不能独掌"预算大权"。

全面预算的第二步，是要调动所有部门参与预算的编制、审核及执行，这也不是财务部门能够控制的。

很多人都有自以为是的习惯，就是只认同自己的决定。至于别人强加给自己的决定，你也许会执行，但做得心不甘情不愿。所以，预算必须让做的人认同，这样才能真正地执行下去。

如何才能让别人认同呢？这就需要让他参与进来，自己给自己做预算。换句话讲，就是通过预算的目标，让员工的目标同企业的目标达成一致。

预算是大家的事。财务是牵头的，董事会是拍板的，各个部门是相互配合的。

预算要确定切实可行的目标

对于一个企业来说，预算的目标必须要不高不低、切实可行。

如果目标虚高，无论员工如何努力都实现不了，所有的人都会认为老板是个理想主义者，还拿员工当傻瓜。这样的目标，不如没有。

如果目标过低，大家轻而易举就能完成，那么很多员工就会拿老板当傻瓜。这样的目标，不如不定。

那么企业该如何制定一个合理的目标呢？

1. 充分了解自己企业、团队的实力

"知人者智，自知者明"，只有认清了自身形势，才能从一个客观、科学的角度出发。如果企业是一只蜗牛，却硬要跑出兔子的速度，那肯定没跑几天就报废了。

假设企业去年的销售额是1亿元，那么今年能否达到5亿元呢？那老板就要扪心自问了。冷静分析，看看自己是不是具备了完成5亿元目标的实力，自己的营销团队、技术团队、管理团队、资金来源等各方面条件是不是达到了完成5亿元目标的水平。

2. 围绕目标制订一套可行的方案

全面预算是一项非常全面、系统的工程。这项工程涉及企业日常经营管理（如采购、生产、技术研发、销售、人工费用、期间费用、生产成本等内容），还会涉及企业投资、融资等资本层面的运作。而最终，它将以数字和报表的形式，清晰地展示出每个预算项目的内容。

所以，编制预算的过程也是制定方案的过程。每个预算项目、每项预算指标也就是企业各个层面、各个部门努力的目标。

预算是一种"习惯"

我曾经给一家在新加坡上市的集团公司做成本考核体系。这家公司是同行中的执牛耳者,其全面预算体系在民营企业中也算是比较先进的。

这家公司有一套非常全面的预算表格,当然这套表格也只适合他们,拿到别的公司就不一定行得通了。

在看完这家公司的所有预算项目的文件、表格与分析结论后,我觉得他们的预算内容特别复杂,但也特别详细,因为这些预算把公司管理的各个细节都列得一清二楚。

举个简单的例子,"采购一颗螺丝钉到底要花多少钱""实际采购跟预算相比,费用差在哪里",这些细枝末节都在预算里列得一清二楚。

由于全面预算表格比较复杂,因此刚接触的人编制起来会觉得非常痛苦。

我跟公司里一位刚刚大学毕业的员工聊天,我问他:"这个东西你看得懂吗?"他表示他不是很懂。我说:"那这几个月的预算表你是怎么做出来的呢?"他说:"先把不懂的记下来,然后去查、去问,刚好有位师傅带我,我实在不明白了就去咨询他。然后再一点一点地分析，一张一张地校对，三个月后，我就能基本看明白了。"

我去问他们的财务总监，我说："你知道做这个表的意义吗？"他说只知道一部分，最主要的是，领导需要，而且不能按时完成的话，当月的奖金就没了。

我又问他们的总经理："每个月做预算，做'这么'详细，到底有没有必要呢？"他说："实际上没那个必要。"我问他："那为什么还要做？"他告诉我，这是领导要求的，而且他们公司的董事长非常严厉，下面从来没人能质疑董事长的决定。

后来我问他们的董事长："为什么一定要让下面做这么多作用不大还特别复杂的事情呢？"

他的答案是这样的："其实我是在培养他们一种预算的习惯，像这样每三个月我就能教会一批人。集团有十几家分公司，如果整个集团都融入全面预算的体系中，我就能很安心地给下属安排工作，而不用犯愁员工的执行问题了。但是如果没有这个基础性的东西，我就真的无法了解下面的执行情况和执行程度了。"

这件事让我体会到：

人是可以被教会的，关键是领导会不会教。

所以说，预算其实是一种习惯，一个人、一个企业、一个国家的习惯都将决定他们的命运。

成功的人有成功人的习惯，失败的人有失败人的习惯；民营企业有民营企业的习惯，国有企业有国有企业的习惯；小作坊有小作坊的习惯，世界500强企业也有世界500强企业的习惯。

企业要获得成功，也必须有成功企业的习惯，而"好的预算就是成功的第一课"，企业要养成预算的习惯。

预算是公司战略的有效执行工具

人们常说商场如战场，在经济全球化的时代，这个说法显得格外贴切。一个企业要想在高速发展的时代长久地生存下去，就不得不考虑长远的利益，不得不把战略放在首要位置。

战略是战术的整体性谋划，是"你想要大局怎么发展"；而战术是如何用实际的方法得到你想要的，是"你具体如何做才能得到理想的结果"。

《易经》有云："形而上者谓之道，形而下者谓之器。"对于企业来说，"道"就是战略，"器"就是战术。企业首先要确定战略，明确自己想要的，然后制定战术，想办法得到自己想要的。

只有战略科学地指导、规范战术，公司治理才能如臂使指，做到"垂拱而治"。

而预算在战略管理中最重要的价值，就是它用表格和数据的方式，将战略清晰且科学地呈现。所以，预算是战略最有效的执行工具之一。

例如，在销售预算中，销售收入的估计涉及销售的数量和销售的价格。如何完成这个预计的销售量？具体分配到分公司、分配到区域、分配到个人任务是多少？销售部门又通过什么样的营销手段实现年度的销售目标？销售的价格是如何制定的？如果竞争对手降价，公司将采用什么样的策略应对？

在生产预算中，企业年度的产量、单位生产成本的控制范围是多少？其中，原材料成本、人工成本、制造费用为多少？如何实现目标？是降低采购价格，还是减小消耗？是提高人工效率，还是减少工人数量？

在期间费用预算中，企业管理费用预计多少，营销费用预计多少？为什么是这些？还能不能降低？

在资本预算中，企业投什么项目？依据什么进行投资决策？需要多少资金？资金的来源在哪儿？

在财务预算中，企业会做出预期的资产负债表、利润表和现金流量表，这对于一个企业来说非常重要。企业经营的最终结果就反映在这三张报表上。

预算可以清晰地告诉企业决策层，按照预计的经营方式，企业的收入和利润、资产规模、股东的权益比重、资产负债数额、资产负债比率与企业的现金流等参考数据。

所以，预算对于一个企业来说非常重要。只有预算做得好，做得准确，企业这艘航船才能在竞争激烈的商海中，不脱离航道。

■ 预算是绩效管理、资源配置的重要手段

既然预算确定了企业的奋斗目标，为了实现这个目标，参与者就必须共同遵守一定的行为规范。

比如说销售额要实现多少，销售部门怎么去实现；国内要销售多少，国外要销售多少；北方要销售多少，南方要销售多少；线上要销售多少，线下要销售多少；数量要多少，价格要多少；销售这些产品要跟进多少投资；等等。这一系列的问题，需要随着预算管理的流程一一厘清。

上面提到的问题形象地说明了：

预算就是一个事前控制、事中控制、事后控制的工具。

那么事前、事中和事后控制三个阶段，哪个阶段最重要呢？如果非要选一个的话，我认为事前控制阶段更加重要。

企业在事前控制阶段要先做好筹划，在事中控制阶段要踏踏实实把事情落实，如果有偏差，管理层要及时找出原因所在，在事后控制阶段要做好总结。我在前文所举的那家集团的案例，说

的就是这样一件事情。在事前控制阶段，公司管理层先把一些复杂的东西全都布置下去，让中层、基层的人去做；在事中控制阶段要找出预算与实际之间的差异；到了事后控制阶段，才能进行有效的管理和控制。

这也说明了管控的重点：第一，为绩效管理提供依据；第二，促成利益共同体；第三，为公司资源配置提供指导方案。

预算为绩效管理提供依据

1. 预算是绩效管理的基础

管理界关于绩效管理的理论、方法层出不穷，如薪酬考核体系、EVA（经济增加值）考核指标、平衡计分卡等。单从经济指标上来讲，这些都是在谈利益如何分配的问题。

管理最难的是管人，管人最难的是管心。管不住人心的主要原因在于员工在利益分配关系上存在矛盾。尽管绩效考核不能从根本上解决这个矛盾，但却能从某种程度上缓和、平衡矛盾。

管理大师曾仕强曾说过，企业管理的过程其实就是一个"安人"的过程。而预算在这个"安人"的过程中体现的作用是，给被考核者设定一个合理的期望值。

期望值对于企业和员工来说非常重要，因为人最大的痛苦莫过于现实和期望之间的差距太大，管理亦是如此。

企业有企业的期望，员工有员工的期待，将两者的心合二为一，是预算和绩效考核的重要工作内容。

2. 绩效为预算调整提供依据

社会瞬息万变，管理则需要灵活应对。因为市场不可能按照个人的预期去发展，所以做预算千万不要忘记"以不变应万变"这条秘诀。一旦管理环境和条件发生了重大的变化，比如说地震、经济危机、原材料与产品的价格大幅度降低或升高，那么预算就需要按照新的条件和因素进行迅速调整。

一旦预算做出了调整，绩效也应该进行调整，绩效和预算之间的关系是密不可分的。

绩效考核会展现企业实实在在的经营成果（收入、成本、投资回报率、经济利润等指标），也会指出预算值与实际值之间的差距。

所以，从很大程度上讲，绩效为调整预算提供了可靠的依据，因为说的、算的都不如做的。

预算让大家成为利益共同体

很多企业在成长、扩张的过程中会患上"大企业"病，比较明显的症状是：机构臃肿、人浮于事。

第一章 | 经营企业，一定要懂全面预算

海尔集团过去在实施"资产扩张战略"时也遇到过同样的问题。当时企业出现了人才流失、多重领导、机构繁多等问题。为了解决这一系列的问题，海尔采用了OEC（Overall Every Control and Clear，全方位优化管理法）管理体系，大力提倡"日事日毕，日清日高"，并把每一个人作为一个赢利单位。采用此管理体系之后，海尔集团有了更进一步的发展。

现在很多企业，且不说"把每一个人作为一个赢利单位"，甚至还没做到让每个部门成为一个赢利单位。海尔能把企业做大，自然有其做大的道理。

企业是一个有机的整体，没有任何一个部门可以孤立存在。企业必须构建一套完善的管理体制，将企业的各部门、各人员有机地结合起来，把所有的部门与个人凝聚起来，组成一个具有强大向心力的利益共同体。

这个利益共同体是一种以考核指标为目标、以企业资金流量为纽带、以成本控制为重点、以责任报告为基础的组织管理形式，而预算在整套模式中的作用是整合。

预算就是将所有部门和个人利益拴起来的那条线。

预算指导资源的分配

资源是稀缺的，为了抢夺资源，人类每天都在进行各种各样的竞争，商场上更是如此。

假如企业今年只有3亿元用来投资，那么应该投资给哪个项目呢？选择项目的标准是什么？重点看项目，还是项目负责人？采用什么样的方式才能将这3亿元最合理地利用起来？

又如企业今年工资的预算总额是3000万元，员工1000人，人均工资3万元，从董事长到总经理再到部门经理和一线员工，对于各个职位，工资怎么分配才是最合理的呢？企业每年升职涨薪的机会有限，到底给谁好呢？

企业今年预计赢利2000万元，是全部分红，还是留存一部分用于企业再投资？如果留，留多少？如果分，分多少？企业管理层必须明白，分红、分工资、分投资项目的资金，只是企业资源分配的一小部分内容而已。

企业是一个流动的整体、有机的生命，是由现金流、资产流、信息流和人力资源流构成的。这"四流"的流向必须保持一致，相互协调，企业才会健康，才会有活力。而预算在这里像一名指挥家，起的是指导和协调的作用。

▪ 全面预算可以完善公司治理结构

俗话说,画虎画皮难画骨,知人知面不知心。如果我们把公司的治理结构比作企业的骨,那么预算就是连骨的筋。

治理一词有统治和操控的意思。管理学将这个词引入现代企业管理当中,体现了管理发展到一定阶段的必然需求。

随着社会和经济的发展,企业规模的扩大,公司的管理往往会成为股东非常头痛的事情。特别是在企业做大后,股东不能完全掌控局面,不得不请职业经理人来管理企业。这就产生了所有者、董事会、职业经理人"三权分立"的公司治理结构。

目前,中国的中小企业仍然处于发展阶段,管理也并不完善,很多企业家做得很累,却也没有雇佣职业经理人,也没有选择出一套真正适合自己企业的模板。这个时候,公司治理结构理论中的约束和激励便靠着低成本、高效率的优点脱颖而出了。

企业常见的约束方式有三种:法律约束、制度约束和市场约束。

法律约束,是指采用国家的相关法律法规约束员工的行为,一旦员工有违法的行为,企业可以采用法律的手段保护公司利益。

制度约束,是指企业通过建立公司内部的规章制度约束员工的行为，防范风险，保护公司的利益，员工一旦违反公司规定的制度，公司可以将员工解聘或向其索赔违约金。

市场约束，又分资本市场的约束、劳动力市场的约束和产品市场的约束三类。

资本市场的约束，体现在资金管理方面。比如，有的股东担心经理人会浪费公司的钱，他怎么办呢？他把钱分出去，年年分红，公司不留大量的资金，这样的话，经理人就要想办法去资本市场筹资。这样，企业的管理机器就运转起来了。

劳动力市场的约束，主要体现在当职业经理人业绩不佳，或者违反公司规定时，公司就可以把他"炒"掉。这类情况在职业经理人、营销总监、销售人员中表现得比较明显，一般行政人员和技术人员在业绩方面的约束相对较少。

产品市场的约束，体现在资源的配置上。产品就是资源，而对产品市场的调控力体现在：一是量，约束买卖产品的数量；二是价，约束买卖产品的价格；三是范围，约束买卖产品的范围。

预算在约束方面起到的主要作用是明确了管理的底线：

第一，成本控制的目标；

第二，管理费用的各项标准；

第三，营销费用的标准；

第四，其他支持类项目的限额。

激励的意义则在于，作为公司治理方式的第二条线辅助约束的进行。举个例子，你赶马车一开始用鞭子狠劲儿抽马，它可能会疼痛难忍，加速跑一阵；如果你抽它一天一夜，不给它饭吃，打死它它也不会跑了。怎样让马跑下去呢？要适当给它奖励。于是，管理者们发明了多种物质激励方式。

常用的物质激励方式有股权、期权、奖金、带薪假期、补充保险等方式。

股权激励是企业所有者愿意将自己的股份分出去一部分，作为对员工的奖励。这种方法对很多员工来说是非常具有诱惑力的。可在实际操作过程中，又存在很多问题。

第一，股份是白送的，还是需要花钱买？如果需要花钱购买，买的价格是多少？

第二，是否需要到工商局办理股权变更手续？

第三，公司利润分配的问题，有的企业是给员工股份了，但公司从来不分红。

再说期权激励。其实期权是一种权力，是在未来一定时间内，按照期权协议的约定可以选择买卖某种资产的权力。现在很多即将上市和已经上市的公司都采用了这种激励员工的方式，目的是让员工的利益和公司的利益捆绑在一起。公司的业绩好了，股价才能上去，员工手里的期权才有价值。

但激励不能仅仅停留在物质层面，还要关注精神层面。

人都有一种归属感，一种期待感，所以说在构建激励机制的时候，一定要物质和精神并行，双管齐下。如果一个企业没有核心的文化在背后支撑，它是走不远的。就像一个人，没有坚定的信念也很难成就大业。

预算在激励方面的主要作用是，真正地从意义上明确企业和个人的奋斗目标，为绩效考核提供依据：

一是企业价值与个人的奋斗目标；

二是企业利润与个人的绩效目标；

三是企业销售收入与个人的销售收入。

公司治理一直是困扰企业的难题，每个企业的情况不同，问题也不尽相同，并不存在一套"放之四海而皆准"的方法，但全面预算管理对完善公司的治理结构还是有很大帮助的：

第一，可以通过预算的方式梳理、规范公司管理流程，流程清晰了，管理才能清晰；

第二，合理配置公司资源，预算是公司资源的总调度师，合理配置资源，才能节约成本，产生更好的效益；

第三，通过预算可以明确各个层面的预算，如董事会的预算、集团的预算、事业部的预算、子公司的预算等；

第四，通过预算可以将子公司、事业部、集团公司、董事会的目标与股东、企业的目标统一起来。

> **本章小结**
>
> 1. 企业预算是企业战略目标的实施载体。做预算要做到全面,并且要事事先做筹划。
> 2. 预算是企业的事。财务是牵头的,董事会是拍板的,各个部门是配合的。
> 3. 预算要确定切实可行的目标。

第二章

全面预算的常识

做任何事情，目标一定要清晰，预算亦是如此。做预算的第一步是定目标，有目标才有方向；第二步是找方法，方法是实现目标的有效工具。

■ 明确预算管理目标

目标明确,才能有的放矢。企业目标不明确,就不能准确定位市场、明确管理要求,那么企业的管理就会陷入一片混乱。预算对管理的贡献是,帮助管理者明确需求。而明确需求,就要从制定预算的目标开始。

测定合理的目标利润

企业年度目标中,最重要的一个目标是利润指标。目标利润的测定,既是一个目标,也是一项任务。同时,实现目标利润的过程,也是企业将预算与绩效考核相结合的过程。那么,企业如何测定一个比较合理的目标利润呢?

通常情况下有四种方法。

第一种方法是从量本利分析角度出发。量是指生产数量，本是指生产成本，利是指利润。利润是根据销售数量、价格和成本来确定的，单位的变动成本和单位的固定成本也会对此造成影响。

常用公式：

目标利润＝销售数量×（销售单价－单位变动成本）－固定成本

第二种方法是从销售收入角度分析。这种方法是以销售收入利润法为基准点，主要考虑的是销售净利率。

常用公式：

目标利润＝销售收入×销售净利率

第三种方法是从成本的角度来分析。这是从投入的方向考虑。

常用公式：

目标利润＝预计成本费用×成本费用利润率

例如，企业预计今年成本费用是1亿元，成本费用利润率为15%，则目标利润为1500万元。

第四种方法是从投资的资本回报率角度分析。

常用公式：

投资人目标利润＝投资额 × 预期回报率

例如，一家企业资产总额是 1 亿元，其中股东占 50%，债权人 50%，各为 5000 万元。股东要求的投资回报率为 10%，债权人要求的投资回报率是 6%。

那么，股东的目标利润＝5000 × 10%＝500（万元）。

债权人的目标利润＝5000 × 6%＝300（万元）。

对于企业而言，税后利润必须不低于 500 万元才能给股东分红。

将目标分解

全面预算服务于战略目标，而战略目标很多时候只是概念，我们需要将概念明细化，将战略目标分解，让它变成企业的运营方案。

例如，在日常业务方面，企业的销售收入是多少，产量是多少，库存是多少，采购是多少，材料消耗是多少，人工工资定额是多少，管理费用是多少，销售费用是多少。

在资本预算方面，企业预计投资什么项目，投资额是多少，资金的筹资方式是什么，筹资方式的费用是多少。

绩效考核常用的其他指标

除了目标利润之外，企业考核还会涉及其他的指标，例如权益净利率、销售净利率、投资回报率、每股收益、每股市价、EVA 等指标。

1. 权益净利率

权益净利率反映的是股东投入钱的获利能力，即 1 元股权资本赚取的净利润，可以用来衡量企业的总体盈利能力。

例如，股东权益为 5000 万元，权益净利率为 10%，则股东投资的利润是 500 万元。

2. 销售净利率

销售净利率反映的是每卖出 1 元钱商品所获取净利润的比率。

例如，公司销售净利率为 10%，则每销售 100 元的商品，获取净利润 10 元。

3. 投资回报率

投资回报率反映的是投资 1 元钱（包括股东和债权人的投资）所取得回报的比率。

例如，公司投资回报率为 8%，如果公司的投资总额是 1 亿元，则投资回报是 800 万元。

4. 每股收益

每股收益反映的是 1 股普通股所获取净利润的比率。

例如，公司当年净利润是 1000 万元，期末总股本为 5000 万股，则每股收益是 0.2 元。

5. 每股市价

每股市价反映的是上市公司流通在外的普通股股票的价格，这个价格是随着市场变动的。通常情况下，企业的业绩好，股价就会好。

6. 经济增加值

经济增加值，即 EVA（Economic Value Added），它是指税后经营利润减去现有资产经济值的机会成本后的余额。

EVA 考核法将来会成为主流的考核方式。例如，一家公司现有 1 亿元的资本，其中股东投资 5000 万元，债权人投资 5000 万元，股东要求的报酬率是 10%，债权人要求的报酬率是 6%，企业的加权平均资本成本率为 9.5%，那么：

股东投入 5000 万元，报酬率 10%，企业给股东分红 500 万元；

债权人投资 5000 万元，报酬率 6%，企业要给债权人付利息 300 万元。

这里大家要注意的是，股东要求的回报是在所得税后分配的，债权人要求的回报是在所得税前分配的，假定所得税率为 25%，企业所得税前的利润要达到 500÷(1-25%)=667（万元），才能达到分红指标。

EVA 考核的是企业经营为企业创造价值的能力，如何评价企业的经营者是否为股东创造价值呢？我们来看它的计算公式：

经济增加值（EVA）= 税后经营利润 - 全部资本费用
= 期初投资资本 ×（期初投资资本回报率 - 加权平均资本成本）

假定企业期初投资的回报率为 10%，则该企业的经济增加值 = 10000×(10%-9.5%)=50（万元）。

这意味着，如果企业投资回报率低于 9.5%，企业就没有为股东创造价值。只有企业的投资回报率超过 9.5%，才能为股东创造价值。

企业可以参考的考核指标比较多，至于选择哪一种或者哪几种指标的组合，要依据企业的实际情况而定。

■ 确定预算管理流程

企业在做预算时，预算的原始资料至关重要。如果预算的原始资料不准，那么预算一定不准。例如，生产材料的采购量实际是 100 吨，但在预算时按 120 吨估算，成本就是不准确的，产生的后续相关费用就是不准确的，收益就有偏差。于是，牵一发而动全身，整个预算便不再科学、有效了。

信息来源、原始数据是预算这座大厦的根基。

很多人在做预算时会忽视原始数据的准确性，比如，搜搜网上的资料，看看别家公司的报表，胡乱地弄一些数据在自己公司的预算中使用。这对企业来说，绝对是一个致命的问题。

就信息来源的一些问题，我们主要从五个方面来说明。

销售环节

销售收入预计得是否准确，关键看销售的数量和价格预计得是否准确。

销售的数量和价格如何确定？

数量比较好确定，可根据本企业产量，根据市场的情况，结合经营指标，对数量进行确定。价格问题就比较难确定了。由于市场的上下波动很大，企业是根据市场上的业务员反映的情况，还是根据专家的判断，抑或是综合这些年来累积的经验来做决定呢？这就涉及了企业制定价格的一个策略问题。企业要针对不同的情况，采取不同的对待方式，因为每个企业面对的市场群体是不一样的。

在销售预算数据方面，还需要确定赊销和现金销售的比例关系，这个关系也非常重要，企业应该制定完善的销售管理制度，对赊销的管理必须严格控制，否则很多时候，东西是卖出去了，但出售款无法回流，这会对企业的资金链运作产生非常不利的影响。

预算中销售信息的审核，重点要放在销售量是否能实现、销售价格是否合理、收款制度是否完善这几个方面。

生产环节

生产成本数据是否准确，首先要看产量，其次要看消耗量。

通常情况下，企业是以销定产，如果销量预算出来了，产量就可以确定了。

常用的产量计算公式：

$$当期产量 = 期初库存 + 销售量 - 期末库存$$

从这个公式我们可以看出，期初、期末库存的确定将影响当期的产量高低。如果企业是订单式生产，自然就不受公式的限制了，有多少订单，就生产多少东西。

消耗量，指生产产品所消耗的材料，一般都有固定的指标和系数。在预算过程中，是参照标准系数，还是参照公司历年的情况，或是重新制定一个预期理想系数，这将关系到公司标准成本体系的建立。

成本的类型有很多种，有标准成本、完全成本、理想成本、单位变动成本和作业成本。生产预算的编制究竟以哪个成本为主，这是个问题。但成本标准的择定一定是易测、可行的，不能是一个空想的标准。

我以前编制过一家淀粉生产企业的全面预算。这家企业的产品还算单一，一种主产品，三种副产品。该行业有个重要的考核指标——"出率"，出率是投入多少原材料能生产出多少产成品的比率。出率和原材料的选择、生产的工艺、管理的规范性有关系，所以生产部的主要任务就是盯着出率。制定预算指标的时候，根据企业的行业标准和企业的历史数据，我们每个月都制定不同的指标，因为企业的原材料是玉米，而玉米在每个月份的含水量是不一样的，这就在很大程度上影响了淀粉的产量。

上面讲的是原材料的消耗，除此之外，还有生产过程中衍生出的其他费用，如水费、电费、人工费、机物料费、包装物费等。这些项目要依据什么开展预算呢？企业每生产出一吨产品就一定需要发生这些费用吗？哪些项目可以增加，哪些项目可以减少？哪些可以作为企业的考核标准，哪些可以作为预算的依据？这些就需要公司里的技术专家进行判断了，财务只能给出一个参考数据，财务会根据相关票据，以及历史的核算资料，计算历史时期实际数据的发生额，再拿这个数据和生产数据对比。

财务的数据和技术部门的数据进行对比肯定是有差异的。财务的是实际发生额，技术部的是理想发生额，所以在预算编制的环节，要确定用哪个金额作为预算标准。

采购环节

这个环节的主要任务是确定采购价，审核供应商。采购材料的价格如果过高，成本一定也会非常高。

以前有一家集团公司的采购部门发生了这样的事情：所有材料竟然都是从一家公司采购的，内幕是这个供应商和集团的采购经理联合，一起成立了许多家小公司，给集团公司供货。所以，在采购环节当中，预算审核的不仅仅是价格，还有供应商的全部资料，这样才能最有效地确保采购环节的健康。

期间费用

期间费用包括管理费用、销售费用和财务费用。比如企业的管理费用，去年花掉了1000万元，今年是否还需要花费这么多，有哪些地方会增加，哪些需要削减。企业业务量增加时，哪些费用会随之增加；企业业务量减少时，哪些费用会随之减少；按什么比例增加或减少合理。

企业的销售费用也是同样的道理。比如去年企业的销售费用是 2000 万元，今年会不会增加，为什么增加，增加多少；能不能降低，能降低多少；增加或降低的依据是什么。

企业的财务费用预算和企业的筹资相关联，通常情况下企业财务费用核算的是取得借款的利息费用。利息率一般先行确定，企业很难改变。但取得借款的金额是企业需要权衡的。做预算的时候，不能随意变动企业借款的金额。

资本预算

资本预算的主要内容是项目的投资金额。资本预算最常见的方式是项目的可行性分析报告。例如，企业筹建一个工厂，土地需要花多少钱，地面建筑物需要花多少钱，配套的相关设施需要投多少钱，机器设备需要投多少钱，建筑成本按什么标准估计，预计购买的大型设备按哪个价格预算，安装调试费和其他相关费用需要多少钱。

以上这些项目的计算标准和依据是什么，企业在审核项目投资预算的时候一定要把这些数据的计算标准和方法搞清楚，这些数据的计算方法和标准，财务是不知晓的，必须通过专业的技术人员和相关的专家来确定。

有一家上市公司投资了一家工厂，一共花了2亿元。当时专家给工厂做了一个可行性报告，包括具体的实施方案，成本大概需要300万元。然而老板相当吝啬，为了节省这300万元，他另做了一套方案，成本转眼间就变成100万元了。这个老板认为自己这招很高明，也没找太多的人商量，就凭借多年经验和胆量把厂子建起来了。结果这个厂子已经建完两年了，依然无法投产，因为设备、资金等各种资源都不能同步到位。事后，他还找了一个很好的借口："李嘉诚也有投资失败的时候。"

他不仅没有在这次失败中吸取教训，还给自己找借口，这是很可悲的。

一个投资项目，如果整体预算做得不准，就有可能导致资金链断裂，其他预期环节无法同步，从而产生更多的人工费用，也不能按照正常进度生产，并且要支付客户违约金，甚至极有可能导致整个项目投资的失败。

所以，项目预算的钱和项目审核的钱不能省。

全面预算不是一件简单的事情，审核全面预算所使用的信息与数据就更不是一件简单的事情了。在做全面预算的时候，财务人员起协调性作用，而不是决定性作用。因为具体考核指标不是由财务人员决定的，而是董事会来决定的。此外，财务人员也不清楚销售部门能卖出去多少产品，更不知道生产部门计划生产多少产品，是否需要进行项目投资、投资多少。

但是，财务人员在整个预算编制和审核的过程中有协调和监督的作用。财务部门将各个部门的预算信息进行汇总分析，最后为管理层整理出规范性的预算文件。

■ 预算管理中的常见问题

虽然预算管理越来越受经营者重视，但在实施预算管理的时候，依然存在着很多认识上与操作上的误区。所以，在编制预算之前必须要了解其中常见的问题，以便在具体的工作中避免这些问题的发生。

预算制定中的常见问题

1. 目标不合理：太高达不到，太低没有激励性

前段时间我和几个集团的财务总监探讨了预算制定中的问题，大家都觉得由于公司集权和分权的机制难以构建，所以预算体系中很多细节措施难以落实。

　　大型企业不缺乏战略性的目标，它们的问题是目标能定，但中基层不好落实。而对于中小型企业，尤其是民营企业来说，什么是制定目标时最大的问题呢？那就是连老板都不知道自己企业的现状与发展前景，他们的预算当然就做得一塌糊涂了。

　　如果一个人目标不清晰，他就没有斗志，没有战斗力；如果一个企业目标不清晰，它就没有良好的未来。

　　但目标一定要符合企业的实际情况，就像不能让蜗牛一直跑出兔子的速度，也不能让兔子总像蜗牛一样"蠕动"。

　　要让预算按照既定的目标和方向执行下去。首先要保证目标是确实能实现的，如果确定的目标无法实现，预算一定执行不下去。其次要有强有力的监督机构。企业想让一件事情执行下去，就必须有对执行不下去的情况的惩罚，否则，没人愿意拼命地往前冲。古时候行军打仗，很少有逃兵，基本上都是英勇向前的，因为逃兵只有死路一条，不往前冲，就会受到军法的处置，还不如战死；如果战得好，可能还死不了。

2. 各部门编制的预算比较零散，缺乏沟通和协调

　　一个企业的内部，销售部做销售部的工作，采购部做采购部的工作，生产部做生产部的工作，人事部做人事部的工作，子公司做子公司的工作，事业部做事业部的工作，集团做集团的工

作，董事会考虑董事会的工作，股东考虑股东的工作。

这看起来似乎各司其职，权责分明，但是其中有一个漏洞足以致命：这些部门与人员之间缺乏有效的协调与沟通。这个漏洞会导致什么结果？企业资源分配冲突，组织单位各自为政。

所以，我们在前文提到，要以财务为核心，建立一整套预算编制的标准和报表体系。

3. 预算编制缺乏有力的依据，数据来源不准

如果把预算比作大厦，那么预算编制所使用的数据就是修建这座大厦所使用的材料。如果材料不合标准，或是以次充好，大厦的质量就可想而知了。

选择材料的失败有两种情况：一是主动选择劣质材料，这是管理者的主观行为；二是被动选择劣质材料，这是信息不对称的后果。

4. 责任中心的目标与预算的目标不统一

责任中心通常有成本中心、收入中心、利润中心、投资中心四种类型。有句古话叫："不在其位，不谋其政。"企业不能用考核投资中心的标准去考核利润中心，也不能用考核利润中心的标准去考核收入中心。

在做预算的时候，首要任务是要将责任中心的目标与预算的目标相统一，只有方向一致，企业发展才不会出现偏差。

5. 不了解自己的企业，不知道该做什么预算

在做预算的时候，要了解自己的企业，如果不了解自己的企业，就不知道自己的企业适合做什么样的预算。这就像病人去找医生看病，如果他胃疼却跟医生说头疼，医生一定会开错药，因为医生只能通过问诊来判断病因，如果病人本身提供的信息就是错误的，那么医生能给病人开出合适的药方才怪。

所以，制定预算的过程也是一个深入了解自己企业的过程，只有正确地了解自己的企业，才能做出最适合自己企业的预算。

预算执行中的常见问题

1. 只有做，没有审，更没监督

这是企业最容易出的问题。在执行过程中，编制预算属于事前控制阶段，执行和监控属于事后控制阶段，执行的过程是事中控制阶段。如果做完了不审，即使做错了也不能及时发现；如果在做的过程中没有监督，那么预算就会成为无关紧要的因素。这正是很多企业预算不能执行到位的主要原因。

2. 没有明确的费用分摊，会引发矛盾

这个问题主要体现在财务上，企业预算的时候会涉及一些公共费用的分摊。

例如，销售部门的预算。自己卖出多少货，业务员提多少钱，差旅费会发生多少，招待费会发生多少，送礼、请客吃饭等会发生多少，以及固定的电话费是多少，这些成本对于销售经理来说是相对可控的。但也有一些成本是不容易或者不能控制的，如销售部门所用办公室的房租，公司分摊的管理费用等。关于这些费用的分摊，财务部门在做预算的时候，必须和销售部门说清楚。

而现在让很多财务人员苦恼的是，很多时候被其他员工评价为"什么都不懂"。

其实，这个问题出在权责配置和沟通环节上。一个财务经理或一个财务总监应该做的是，一方面尽可能了解企业的管理流程，另一方面要做企业的财务培训师，并需要告诉销售人员，发票该怎么开，账该什么时候催，怎么对账，甚至做预算的时候，预算表格的哪一项涉及财务专业术语，都要跟他们解释。否则，后期很容易发生矛盾。

3. 没有预算作为依据，财务缺乏审核及监督的文件

如果没有预算作为依据，支出审批时不能区分正常和例外的支出，高级人员不得不应付大量的日常审批事务，审批程序复杂，无法适应复杂多变的环境要求，财务部门对支出审批项目就不能有效地监督。

北京有一家农产品公司,董事长是一位农民企业家。他的公司有个规矩:所有费用单据必须由董事长签字才能报销。形成这一做法的原因是,之前公司有些员工报销了很多没有实际发生的费用。为了杜绝这个现象,公司就下了一个文件:所有的票据必须由董事长签字后才能报销。于是,这位董事长几乎每周有两天的时间都在签字。

让一位董事长去负责这样一件事,大家觉得是不是太浪费时间和资源了?而且这样做真的能起到很好的效果吗?

这个问题该如何解决?

首先,公司要建立科学的报销制度。在制度内的费用予以报销,制度外的坚决不报。审核的第一道关在部门经理,第二道关在财务,财务要按制度审核。

其次,按预算审批支出。预算内的予以报销,预算外的坚决不报,除非得到董事长的批示。

4. 没有预算考核制度

没有考核会出现什么样的情况呢?企业预算已经编制了,也执行了,但是预算的结果却脱离了原目标,这就是因为考核制度没有建立。于是预算中的种种努力和辛苦都成了无用功,而且这样也打压了员工们的工作积极性。

因而,预算如果不能形成有效约束,就没有权威性和严肃性,就没有约束力,部门绩效的考核就没有基础和比较对象。在这种情况下,即使做了预算,也是随便填、随便写、随便做,即便是执行了预算,但执行与预算相分离,还是难以达到预期目标。

5. 分析得不深入、不到位

在分析预算的执行情况时,如果只是将预算值与执行情况进行简单的对比,并没有对预算差异进行深入的分析,未找出、确定预算差异产生的原因,就没有办法把预算的执行情况和企业的经营状况有机联系起来。

一个刚毕业的学生,可以把复杂的预算表格做出来,他会填预算值,也会填写实际值,还会填写差异。但是如果不深究差异产生的原因,这个分析就是没有意义的。深入分析差异产生的原因,并努力堵住漏洞,完善管理的方法,才是有意义的事情。

在这章的结尾部分,我要强调一点:人要靠自我约束、自我激励才能走得更远,而企业也要靠自己的核心文化和一些制度的激励,才能创造出巨大的企业向心力,凝聚起众人的力量与智慧。

千万不要轻视预算。一家企业如果预算做得不好，其管理就会乱七八糟；如果预算做得好，就证明企业管理特别规范，而且是有条不紊的。

预算是一种习惯，是企业必须养成的好习惯。预算也是一张网，它把企业各个部门的权力、职责、义务都通过预算和考核紧密联系在一起，让企业管理更科学，更健康。

> **本章小结**
>
> 1. 预算能够帮助管理者明确企业市场定位、管理需求。
> 2. 预算的原始资料必须准确，切忌随意填写数据。企业要明确销售环节、生产环节、采购环节、期间费用及资本预算的计算标准和依据。

第三章

预算前的准备事项

"不以规矩,不能成方圆",这话好说,事却难做,但难做也要做。所以,原则必须遵守,流程必须规范,常见的问题必须尽量规避。

定目标——确定你要什么

预算的分类经常被误解,误解的原因是大家常提的预算和财务体系中的预算确实不尽相同。

全面预算的分类

按照预算时间的长短划分,分为长期预算和短期预算。
短期预算,通常的预算时间为一年。
长期预算,通常的预算时间超过一年。
按照预算的内容划分,分为业务预算、专门决策预算和财务预算。
业务预算是日常的采购、生产、销售等与整个生产经营相关联的预算,例如采购费用、人工费用、制造费用、管理费用等。所以说业务预算更像我们居家过日子置办柴米油盐酱醋茶。

专门决策预算是进行重大决策或者长期投资的预算。例如企业购买土地、添置固定资产、投建厂房等专项投资活动。

财务预算也称总预算,是反映企业预计的现金收支、经营成果和预算期末财务状况的预算,它包括现金预算表、预计利润表和预计资产负债表。图3-1是全面预算体系图。

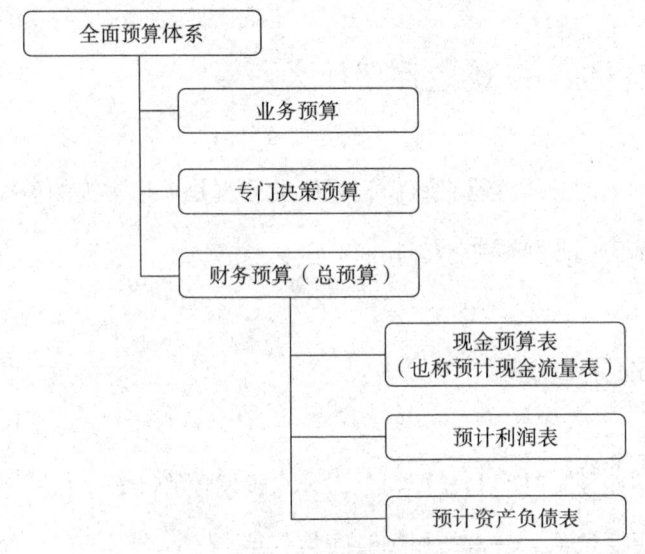

图3-1 全面预算体系图

打一个比方:男人是张资产负债表,有资本不代表有实力;女人是张利润表,有利润不等于有钱;家庭和社会关系是张现金流量表,不仅有钱,还要看是什么钱。

当你用上面的观点去看报表的时候，你会发现，满大街都是资产负债表、利润表和现金流量表。企业做预算，就是在做这些报表，做报表里面的数据。人生做预算，也是做的这几张报表。

一家企业即便有100亿元资产，但如果其中99亿元都是负债的话，就说明这个企业运营出现了危机，随时都有可能破产。

一家企业利润表上的利润数据再高也没用，关键是要把利润表上的数据，变成实实在在的钱。企业必须要有健康的资金链，才能长久地生存下去。

现金流量表分为经营现金流量、投资现金流量和筹资现金流量三类。对于一家企业而言，经营现金流量必须是正数，反映企业实实在在创造金钱的能力，就像一个人自身的造血能力一样。

投资现金流量是负数的时候，表示你的投资比收回的要多些，如果企业整体现金流情况不错，你可以投资；如果企业整体现金流情况已经很差，还要继续投资，一旦等到企业自身的血液供应不足时，你就只能筹资或变卖家产了。

筹资现金流量的判断，要根据企业的实际情况而定。企业能筹到资金，从某种程度上证明企业实力还不错，但如果企业的现金都是筹借来的，其经营是无法长久地持续下去的。

预算管理的原则

有个孩子小时候家里很穷,但他既聪明,又勤奋好学。他做过又脏又累的工作,也做过旁听生,靠着努力与拼劲儿,他的成绩总是名列前茅。

很多人都笑话他,认为他家里穷,就故意在他面前丢钱。有人丢10美分硬币,有人丢5美分硬币,他每次都捡5美分的硬币而不捡10美分的硬币。于是,大家都把这件事当笑话传。

有一天,一位老人问他:"谁都知道10美分比5美分多,你为什么每次都捡5美分硬币?"他回答道:"如果我捡了10美分硬币,以后就没人再丢给我硬币了,我连这5美分都拿不到。"老人听了,夸奖他具有很强的洞察力,也是有主张、有原则的人。

长大后,他做事仍然坚持着自己的原则。后来,他成了一名律师。一次有人请他打官司,如果接了这个案子,他就可以赚一大笔钱,当然,以他的辩才打赢这场官司是游刃有余的。

但是他在分析了案子的来龙去脉后,他发现当事人在撒谎。于是,他没有接这个案子。当事人问他为什么,他的回答是,这件事违背了他的良心和原则。

凡成大事者，一定有自己的原则和自己的信念。

同样，要想成就辉煌的企业，也一定要有自己的规矩、自己的原则、自己的方向。那么，预算管理都有哪些原则呢？

预算管理的原则体现在六个方面。

1. 战略性原则

预算的管理思想体现企业的发展战略，预算对企业战略最重要的意义在于提出了一个明晰化的目标。

企业的全年预算要根据长期战略规划来编制，也就是要根据长期战略目标编制。此外，预算还要符合公司整体的经营方针。

2. 效益优先原则

企业财务管理的目标有：利润最大化、股东权益最大化、企业价值最大化和相关者利益最大化。目前最流行的是企业价值最大化，而预算要服务于这个目标，就要先算算未来的效益。没有效益，就谈不上价值。

对于上市公司而言，企业的价值相对容易衡量，因为股价、股数一确定，企业市值基本也就确定了。

但是对于非上市公司而言，其价值衡量就相对复杂一些。当下一些财务管理的理论提出了许多方法来衡量这类企业的价值。

有一种方法叫现金流量折现法。它对企业价值的定义是未来现金流量的现值。企业未来能创造多少现金流，该现金流折现后的价值，就是企业现在的价值。

所以，我们要学会用发展的眼光看问题，要学会跟10年、20年后的自己对话。一家企业在做战略规划和预算时，也要尽量考虑多年以后的事情。"人无远虑，必有近忧。"等企业经过若干年后再回首会发现，当初的预算工作是多么的重要，正是全面预算的正确引领，企业才能一路披荆斩棘，实现辉煌。

3. 全员参与原则

预算编制需要全员参与，采取从上而下、从下而上相结合的方式。管理是分层次、分结构的，同样，预算也要分层次、分结构地编制。

在日常管理中，很多企业都会把预算当成领导和管理层的事情，认为和员工没有关系，这是大错特错的。

预算总目标的确是要管理层来拍板，但预算的具体执行却需要所有员工共同参与。如果一家公司的基层员工都能自觉做出年度规划和预算，知道自己在职责范围内要做哪些事情，这家公司想不成功都难。同时，管理者让员工自己定目标，在执行中员工自己把握分寸，他们的自我驱动力与监控力就会比较强。

所以，聪明的管理者总是让员工自己去定一个自己想要的目标。

4. 权责对等原则

权责对等原则体现的是企业要给各级部门一定的授权,而被授权者对预算的执行控制要承担相应的责任,即上边敢于分权,下边敢于承担。

这个责任体现在哪里呢?主要体现在每个人都要为自己的行为买单。预算不是只靠吹的。比如,一家公司今年预算销售额达到5亿元,但实际只做到了3亿元。做不到怎么办,做到了又怎么办?相应的奖惩细则必须在授权时明确。

权责对等有两个层面的含义。

第一层含义:权力的划分。

企业中权力的分配机制有三种:第一种方式叫集权式,上面的人把权力都攥在手中,但凡大事都是上面说了算,这是很多集团型企业采取的方式。第二种方式叫分权式,就是上面做上面的工作,下面做下面的工作,权责都分配到个人和部门。第三种方式是集权和分权相结合的方式。

第二层含义:责任的确定。

"权力有多大,责任就有多大",有了权力,就等于有了责任。企业的责任中心通常有四种:一是成本中心,二是收入中心,三是利润中心,四是投资中心。

成本中心,只对成本负责。例如,生产车间可以作为一个成本中心,对其考核的指标是每月消耗的材料、水费、电费、人工费等内容。

收入中心，只对收入负责。例如，销售部可以作为一个收入中心，对其考核的指标是每月销售收入实现多少，与预算的差距是多少，有差距的原因在哪里。

利润中心，就是对投入和产出同时负责。例如，企业的产品事业部，可以作为一个利润中心，对其进行考核。考核其相关产品的收入、为实现收入消耗的成本及费用。

投资中心，对成本、收入、利润及投资项目负责，它是最高层的责任中心。例如，一家独立核算的公司，可以作为一个投资中心，考核其收入、成本、利润及投资回报的情况。

企业做预算的过程就是划分责任中心的过程，也是给各个责任中心确定考核目标的过程。

5. 实事求是原则

 有家上市公司的总经理，以前是华润集团的高管，在同行中也算是响当当的人物。有一次，公司开年度总结大会，他的年终总结，就六个字——"说实话，办实事"。

他说完这句话后，整个董事会和与会的人员都惊呆了。

为什么公司总经理会在年会上说出这样的话？答案自然是公司的管理出了问题，信用出了问题。实事求是的原则没有落实，公司很多工作都是人浮于事，预算编制得很好，实际工作却是一塌糊涂。好事大家争，坏事没人担。无奈，这位老总才会在年会上抛出他的六字箴言。

所以说，工作要踏踏实实地做，要实事求是地做，不要报喜不报忧、自欺欺人。好大喜功、自欺欺人的后果很可能是两手空空。

6. 可行性原则

预算的方案必须落到实处，具有可操作性。不能单纯为了做预算而做预算，否则就成了"说是说，算是算，做是做"。这样的话，做预算还有什么用呢？是应付公司领导，还是糊弄自己？公司是员工与老板共同利益的载体，对公司不负责，也就是对自己不负责。

■ 审信息——原始资料不准，预算一定不准

预算管理是一项系统性的工程，需要有组织、有计划、有步骤地进行。图 3-2 是预算管理流程图。

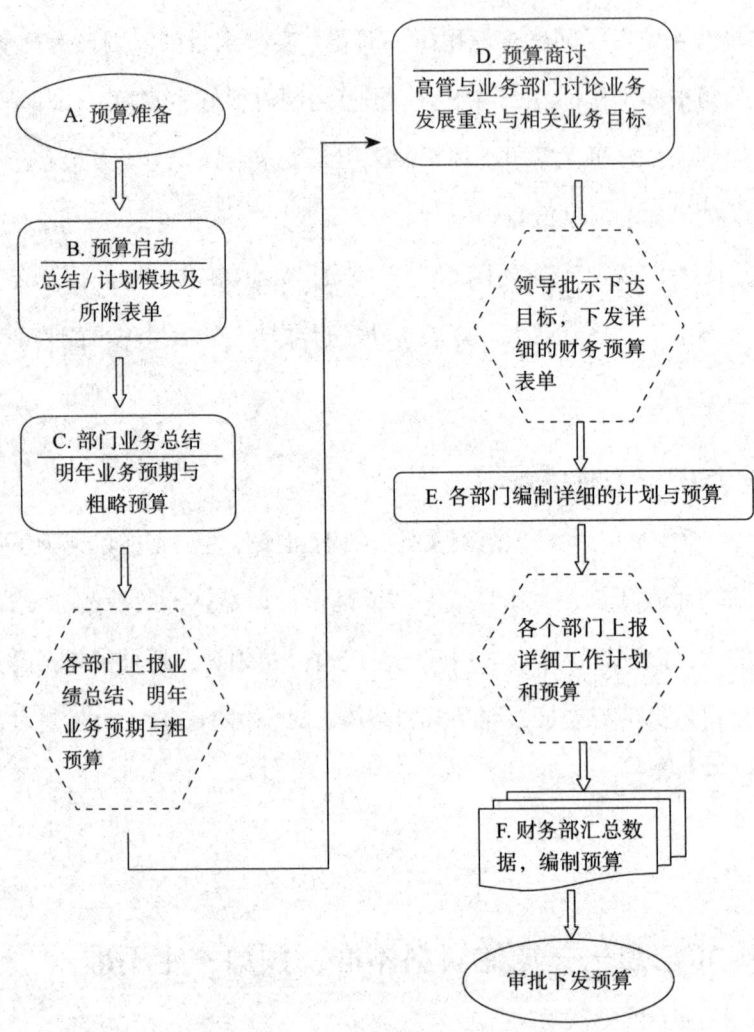

图 3-2 预算管理流程图

预算管理的第一步——预算的准备。这项工作是高层领导做的事情。首先,领导要确定是否做预算,做什么预算,怎么把预算落实到工作中。

预算管理的第二步——预算的启动。集团公司应将预算编制的要求、预算编制的模板和样表下发给各个部门。

预算管理的第三步——部门总结。各个部门在收到上级发过来的预算表格后,根据部门的实际情况,编制初步的预算。

预算管理的第四步——预算商讨。各个部门将编制的初步预算上报管理层,管理层与各个部门商讨明年的发展目标及各项预算指标。

预算管理的第五步——详细预算的编制。管理层将审核后的预算目标与指标下达,各个部门收到后,开始编制详细的预算。

预算管理的第六步——财务部门的汇总。各个部门将其编制的详细预算上报到财务部门,财务部门汇总分析,编制财务预算,并下达审定的预算目标与指标。

预算管理的流程,应注意的问题有:

第一,要以财务部为核心。

财务部门在整个预算管理过程中起纽带作用,它是核心职能部门,却不是核心决策部门,核心的决策部门是董事会。

财务部门是一个很特殊的角色,它不创造价值,也不赚钱,但企业又离不开它。企业所有部门的单据都会最终汇总到财务部门。单据是各个部门所发生业务的汇总及真实反映，通过单据的汇总，财务部门就知道了所有部门的事情，而各个部门只知道自己部门内的事情。各个部门做预算也只能做自己部门的预算，财务部会将各个部门的预算汇总，编制预计的资产负债表、预计的利润表和预计的现金预算表。

所以说，财务部门行使的只是汇总、分析的职能，决策还需要有决策权力的董事会来定。

第二，要一步步地走。

预算管理最好采用自上而下与自下而上相结合的方式。通常公司如果没有第二年大规模扩张的计划，同时运营方式也比较成熟，一般会以上一年的数据作为参考，并结合近几年的情况，做一个计划模板及相应的附表，下发给各个部门。

做计划模板及附表，实际上就是对公司整个流程的梳理。如果对公司近几年的业务情况、管理情况、指标情况不是十分了解，这个计划就做不出来，报表也编制不出来。

各事业部和职能部门要对自己的业务进行总结，看看上面下发的计划能不能完成，最后将自己的初步预算上报。

各个部门将预算上报管理层后，双方商讨一下，然后制定一个双方达成共识的目标。而这个目标必须是可以执行的，不能偏离原则。

领导批示下达的预算表格应该是一个系列，体现为各个部门有各个部门的表格，汇总有汇总的表格。各个部门拿到这些表格以后，再照此编制详细的计划与预算。

例如，销售部门每个小组、每个区域，销售任务多少，每个人分到多少，然后细分统计一下一共要支出多少，每个人要收回多少款项，企业预计回款的金额是多少，生产部门今年要产出多少产品，保证何等质量，耗用多少材料等。然后财务部要把各个部门的数据汇总起来，编制出预计的资产负债表、预计的利润表和预计的现金流量表。

第三，要让大家动起来。

在公司内，如何才能把预算做得更好呢？管理者首先要给员工灌输这样的理念：预算是大家的事。因为一家公司就是一个大家庭，每个人都是一名家庭成员，有1000个员工的公司就是一个有1000个人的大家庭，那么做预算就是这个大家庭里1000个人都要做的事情。

企业要让所有成员参与到预算编制中来。基层人员参与预算的编制，对企业来说非常重要。不要轻视了公司最基层的人，在车间里工作的人，最清楚机器运转得好不好，它什么时候报废，它是否能健康地运转；超市里的售货员，最清楚某个产品卖得好不好，最清楚客户的喜好，干的时间长了售货员甚至能"相面"——从顾客一进门就知道顾客会不会购买商品。

基层人员参与预算的编制能提高预算的可行性和真实性，同时也可以提高员工的积极性，让每个人都有受到重视的感觉，预算的编制自然也会做得不错。

例如，一个销售经理向老板承诺下年度销售1亿元，那老板需要分派多少名销售人员呢？如果上级随随便便就派下一队人，理想与现实的人数差很大，那么销售经理可就要苦恼了。但如果销售经理让现有的每名销售人员预计下自己明年的计划和目标，再统一汇总起来报给老板作为总预算参考，那么老板在分派人员上的决策就会更加合理，而不是只看人数来作判断。

所以，我们做预算的目的是实现目标，这需要调动起员工的积极性，要有奖惩措施，更要有科学的制度来保障。总之一句话，预算是大家的事情，要让大家动起来。

如果几个董事会成员、几个公司高层仔细研究表格中的数据，看一看去年的情况，然后就定个预算目标出来，这样做出的预算是不具备可行性的。

第四，要建立保障体系。

再好的制度、内容如果没有相应的保障体系，也很难真正实现，所以，企业必须建立预算保障体系。大型的企业可以建立预算管理委员会、预算执行委员会、预算评审委员会和预算监督委员会。在企业财力允许的情况下，委员会可以是单独成立的部门，由专家负责分析、监督预算做得是否到位。规模小一点的企业，可以由一人挂职或者成立小部门，以保证预算的执行。

在确定组织结构的同时，明确各组织结构的责任和义务也相当重要，所以对预算管理委员会、预算执行委员会、预算评审委员会和预算监督委员会进行严格的职责划分是不可或缺的。这种职责是一种有效的制约手段。

关于企业的管理结构，董事会和股东是信任委托的关系，董事会以下所有的机构与上层是一种委托代理的关系。这两种关系，最大的缺陷是信息不对称，并可能由此衍生出腐败、资源浪费、职业道德、违背公司管理目标等问题。从这一层面上看，对于任何企业的管理来讲，保障体系都是必备的。

预算管理，要以财务为核心，以保障体系为后盾，调动所有的员工，一步步地走。

■ 学方法——预算编制常用的六种方法

"工欲善其事，必先利其器"。编制预算需要方法，常用的编制方法有：固定预算与弹性预算（见表3-1）、增量预算与零基预算（见表3-2）、定期预算与滚动预算（见表3-3）。

固定预算与弹性预算

表3-1 固定预算与弹性预算

方法	定义	优缺点	适用范围
固定预算（也叫静态预算）	以预算期内正常的、可实现的某一业务量水平为基础	优点： (1) 计算方法比较简单 (2) 针对某一业务量水平 缺点： (1) 过于呆板 (2) 可比性差	(1) 固定费用 (2) 数额比较固定的预算项目
弹性预算	(1) 采用成本习性分析法 (2) 依据量、本、利之间的关系 (3) 考虑计划期间业务量可能发生的变化	优点： (1) 预算范围宽 (2) 可比性强 缺点： (1) 计算方法比较复杂 (2) 固定成本与单位变动成本不好确定	与业务量有关的成本、费用、利润

1. 固定预算

固定预算中的"固定"体现在哪里？体现在固定的业务量水平上，并基于此来编制相关费用。用这种方法编制出来的预算，编制多少就是多少，一般情况下不会改变，此种方法适合固定费用和支出，以及数额相对固定的预算。

例如，企业的房租、固定资产的折旧、固定电话的座机费、一些固定员工的基本工资、相关保险费用，通常这些都是固定不变的。

2. 弹性预算

弹性预算是相对于固定预算而言的，弹性预算是在成本、费用习性分类的基础上,根据量本利之间的关系,考虑到计划期内业务量可能发生变动,编制出的一套适用于多种业务量水平的费用预算。固定预算适用于固定的业务量水平,而弹性预算适用于多种业务量水平。弹性预算弥补了固定预算的缺点,可以展示出不同业务水平下的成本费用情况。

弹性预算代表公式为 $Y=a+bx$,Y 代表预计的费用,a 代表固定费用,b 代表单位变动费用,x 代表业务量。

在使用弹性预算的时候,要清楚固定不变的费用是多少,不同的企业具有不同的情况,固定的费用也是不好确定的,在管理的环节中我们一定要分清这点。

例如,业务员的提成工资,多卖出一件,就会多获得一件产品的提成,提多少钱的比例是随着业务量而改变的,这一部分是公式中的 b;但是业务员的基本工资是不变的,这一部分是公式中的 a;这样,业务员的变动部分工资与固定部分工资就可以计算出来了。

3. 固定预算与弹性预算的应用

首先是确定固定成本(费用)与单位变动成本(费用)项目,即公式中 a 与 b 的值。

这些项目的确定应该根据实际业务情况进行划分,如果财务部门负责人不能确定,应采纳其他部门负责人的意见,必要时要找专家,不能凭空捏造。

其次是选择编制方法。

对于固定成本（费用）采用固定预算编制方法，对于单位变动成本（费用）采用弹性预算编制方法。将固定成本（费用）与单位变动成本（费用）合计，即为预算总金额。

在实际工作中，固定费用 a 及单位变动成本 b 的确定，将直接影响预算编制的准确性。关于 a 与 b 的确定方法，一些专业图书都有介绍，企业可以使用专业的技术方法计算出 a 与 b 的值。

企业不同，固定成本（费用）与单位变动成本（费用）划分的标准和方式也是不一样的，这要根据企业的实际情况确定，否则，编制出来的预算与实际会有很大差异。

而对于公司的管理者，其对企业日常发生费用性质的判定水平，是考核其业务管理能力的重要指标。

增量预算与零基预算

表 3-2　增量预算与零基预算

方法	定义	优缺点
增量预算	（1）以基本成本费用为基础 （2）结合预算业务量水平及有关降低成本的措施 （3）通过调整有关费用的项目而编制	优点：计算简单，与业务水平相结合 缺点：可能导致无效费用开支项目不能得到有效控制

（续表）

方法	定义	优缺点
零基预算	（1）不考虑以前会计期间发生的费用项目或支出金额 （2）一切从零开始，根据实际需要逐项审议预算期内各项费用的项目及标准是否合理 （3）在综合平衡的基础上编制费用预算	优点： （1）不受现有费用项目的限制 （2）不受现行预算的束缚 （3）能够调动大家节约费用的积极性 （4）有利于使各基层单位精打细算，合理分配资金，真正发挥每项费用的效果 缺点： （1）工作量较大 （2）对未来经营预测能力要求较高

1. 增量预算

增量预算是在上期成本的基础上，依据本期业务情况，再结合本期相应的管理需求，调整有关费用项目而得来。所以增量预算是需要基础的。

假设企业去年的管理费用是100000元，预计今年会增产10%，费用预计也会增加10%，按增量法预计下年度的管理费用是100000×（1+10%）=110000（元）；

如果预计今年会减产10%，费用预计也会减少10%，则预计下年度的管理费用是100000×（1–10%）=90000（元）。

所以，增量预算的缺陷是不加分析地保留或接受原有的支出项目，这可能会使原来不合理的费用继续影响后续预算。例如，一项去年本不该发生的费用在今年预算时却被认定为应该发生的费用。

2. 零基预算

零基预算，简单地讲就是一切从零开始，不考虑以前发生的费用项目和支出金额。根据实际需要逐项审议预算期内各项费用的内容及开支标准，在综合平衡的基础上编制费用预算。

推倒一切，重新来过。这样的预算编制方式意味着工作量会相当庞大，并且对预测的准确性和客观性要求也非常高，需要动员企业各个部门的员工积极配合预算的编制。

定期预算与滚动预算

表3-3 定期预算与滚动预算

方法	定义	优缺点
定期预算	以不变的会计期间作为预算期	优点： （1）预算期间与会计期间相对应，便于将实际数与预算数对比 （2）有利于对预算执行情况进行分析和评价 缺点： 缺乏长远打算，导致一些短期行为
滚动预算	（1）将预算期与会计期间分离 （2）随着预算的执行不断补充预算，使每期预算永远保持一个固定周期长度	优点： （1）保证企业的经营管理能够稳定有序进行 （2）有利于管理人员对预算资料作经常性的分析研究 （3）能根据预算的情况进行调整 缺点： （1）预算编制的工作量大 （2）不能与会计期间相匹配

1. 定期预算

定期预算是以不变的会计期间作为预算期，多数情况下期间是一年，并且与会计期间相对应，这就是定期。例如，今年就做从 1 月到 12 月的预算。

2. 滚动预算

滚动预算是在编制预算的时候，将预算期间与会计期间相脱离。它不是编制每年 1 月到 12 月的预算，而是随着预算的执行不断补充，逐期滚动使预算始终保持在固定的周期长度，一般是 12 个月。例如从现在开始编制滚动预算，编制 1 到 12 月份的，那么每过一个月再增加下一个月的预算，或者每过一个季度在这个预算方案后面再加一个季度的预算，每隔一年在后面再加一个年度的预算。滚动预算永远是保持一个固定的周期长度，就像一根滚动条，只是滚动条的首尾位置发生了变化。这样，企业通过滚动预算，一直可以看到企业 12 个月的预算情况。

滚动预算的缺点是当预算期较长的时候，很难预料到未来期间会发生哪些状况。在执行过程中也会面临种种困难。例如，谁会预知 2008 年雷曼兄弟的突然破产？由此产生的种种变数瞬间给很多企业打了一个措手不及。此外，事先预见到的某些活动，在预算执行过程中往往会有所变动，而原有预算却未能及时调整，也会使原有预算显得不相适应。

再如，北京政府部门于几年前出台了汽车限购令，于是北京的二手车、新车市场再无以前的火爆场面了，相关企业的预算也必须跟着进行调整。所以，预算的编制不能全部定死，要根据企业的实际情况来操作。

预算编制中需要注意的问题

以上是财务预算的几种编制方法。在实际操作中，我们该如何有效地编制财务预算呢？

1. 预算编制方法的结合运用

第一，从时间范围上，做一个滚动预算，这样可以初步了解一个期间内的规划。

第二，在编制方法上，要增量与零基相结合。

划分出哪些费用可以发生，哪些费用需要协商。对于可以发生的费用就可以采用增量的形式；对于一些需协商的费用，可以采用零基形式，有效控制部分费用的发生，并在总额上进行控制，最好制定出比例系数指标。例如营销费用不能超过销售收入的5%。

第三，弹性预算与固定预算相结合的方式。

方法没有好坏，只有适合不适合，用好了就适合企业，能够带来利益，用不好还不如不用。所以在做预算时要清楚它处于何种位置，能给企业带来哪些利与弊，才能把事情做好，才能把预算做好。

2. 编制预算的过程中应明确的问题

第一，确定计划期内应该发生的费用项目及支出金额。

这个"应该和不应该"有的时候真的很难界定。例如，高管应该不应该配车，这通常看其表现和股东的意愿。至于高管应该不应该配房，就有待商榷了。因为房租费用是应该发生的，但租哪里的房子，多大的面积，都不好确定。

第二，划分不可避免费用项目与可避免费用项目。

能不发生的费用当然尽量不要发生。在避免与不可避免费用的确定上，管理层其实是具有很大决定权的。例如，招待费、娱乐费以及员工的培训费等，全看管理层怎么决定。

第三，确定费用项目发生的时间，是必须当期支付，还是可以延期支付。

我们都知道资金是有时间价值的，今天的1元钱和明天的1元钱，其购买能力和支付能力是不一样的。因此，在编制预算时，应根据预算期内可供支配的资金数额在各种费用之间进行分配，优先安排当期支付的项目。

多数人不愿意受别人管，别人给他定限额，他心里总会不大情愿；如果让他自己给自己定指标，会很大程度上愿意主动遵守。所以，在实际工作中，建议企业采用增量与零基相结合的预算方式，一方面承认以前发生的有效费用金额，另一方面根据预计的实际情况让部门负责人申报其应该发生的项目金额，由管理层与执行层最后协商确定合理的预算数据。

本章小结

1. 预算管理主要有六个原则：战略性原则、效益优先原则、全员参与原则、权责对等原则、实事求是原则、可行性原则。

2. 预算管理要以财务为核心，以保障体系为后盾，调动所有的员工，一步步地走。

3. 预算编制常用的六种方法：固定预算、弹性预算、增量预算、零基预算、定期预算、滚动预算。

第二部分
编制预算的技巧

第四章

经营预算：企业的柴米油盐

巧妇难为无米之炊，企业过日子需要精打细算，但前提是你要有的打，有的算。然后才能考虑"打"什么，"算"什么。

第四章 | 经营预算：企业的柴米油盐

■ 销售预算——预算编制的起点

好的开始是成功的一半。预算的第一步做好了，预算就成功一半了。销售预算之所以被称为全面预算的编制起点，是因为它是预算的开始，是编制其他有关预算的基础。在编制销售预算的时候，我们需要关注的点有：销售数量、销售价格、销售收入、收现的比例及时间。

销售数量的确定

先看预算销售总量能不能具体划分，如果可以具体划分到每个区域、每个单位，甚至到每家店、每个销售员的时候，那么量化的考核指标就能做到位。

销售预算的销售数量需要根据市场预测、销货合同、生产能力等因素确定。

销售数量这个指标在企业之间没有可比性，只有企业自己才能确定自家的指标。

这是企业的核心问题之一，销售数量上不去，收入就很难上去，没有收入，其他就无从谈起。所以，预算先确定的是销售数量。

销售价格的确定

销售单价是根据供求关系和竞争策略等因素确定的。企业的产品定价关系到利润的高低，所以预算的定价必须合理，必要的时候企业可以成立定价委员会，商讨产品价格的确定方案，确定预算使用的产品价格。

销售收入的确定

销售数量和价格确定后，收入自然就好确定了。

公式：

$$销售收入 = 销售数量 \times 销售价格$$

附加说明：

第一，企业在预计销售收入的时候，还要预计相关的税金。

第二，如果企业是增值税纳税人，那么要明确预算的收入是含税的，还是不含税的。

第三，如果企业是营业税纳税人，那么预算的收入不用去除营业税额，但在成本费用预算中，应估计相关的税金及附加费。

第四，本书为了计算简便，在下面的销售预算表中并没有考虑税金的问题，预算收入既是企业的销售收入，也是将要收回的款项。

收现比例及时间的确定

收现比例反映的是销售当期能收到多少现金，当月的销售收入什么时候能收回来。

企业在做预算的时候，一定不能忽视收现比例和时间的确定，因为这个比例不确定，企业什么时候有钱不得而知，后面涉及现金支出的工作也就无法开展了。

此外，销售部门在做销售预算时，还需要与财务部门沟通，通过软件的形式进行操作，或者统一业务流程的表格，从而更好地汇总数据并进行后续考核分析。

例如，某企业预计的销售价格是 1000 元 / 件，第一季度预计的销量是 1000 件，第二季度是 1200 件，第三季度是 1500 件，第四季度是 1600 件。企业的销售收入当月收到 50%，下个月收到 50%，年初应收账款为 20 万元，则企业销售预算的编制如表 4-1 所示。

表 4-1 销售预算表

年度：××××年

项目	第一季度	第二季度	第三季度	第四季度	全年
预计销量/件①	1 000.00	1 200.00	1 500.00	1 600.00	5 300.00
单价/元②	1 000.00	1 000.00	1 000.00	1 000.00	
预计销售收入/元 ③=①×②	1 000 000.00	1 200 000.00	1 500 000.00	1 600 000.00	5 300 000.00
应收账款期初/元④	200 000.00				
第一季度现销/元 ⑤=③×50%	500 000.00	600 000.00	750 000.00	800 000.00	
第二季度现销/元 ⑥=上期⑤		500 000.00	600 000.00	750 000.00	2 650 000.00
应收账款期末/元⑦				800 000.00	
现金收入合计/元 ⑧=⑤+⑥	700 000.00	1 100 000.00	1 350 000.00	1 550 000.00	4 700 000.00

当然，我们不仅要盯住这张预算表，还要关注这张表对管理的一些启示。

销售预算对管理的启示

第一，预计的销量是管理层下达的任务还是营销部门自己确定的任务？

管理者没有不希望销售业绩好的，但营销部门能不能做到，如何做到，不是管理者所能决定的。但是如果是营销部门自己定目标，就会更愿意去做。所以，这个目标最好是既符合管理者的预期，同时也是可以被营销部门认可的。

第二，销售量确定的理论依据和实际情况是否相符，有没有吹嘘的现象？

谁都希望销售量上去，但是预算不能做没有意义的事情。预算确定的销售量，必须具有可实现性。如果企业去年的经营业绩是1亿元，今年的销售收入预计为10亿元，这个增长就是非常不可思议的。高额的销售是做出来的，而不是吹出来的。

第三，做销售预算的过程，也是营销部门做营销方案的过程。

任何目标的实现，都必须有其可以实现的方法。企业要把销售预算分解成营销方案，并深度讨论方案的可行性，一旦市场发生变化，营销方案也必须进行及时调整。

第四，做销售预算的过程，也是公司执行信用政策的过程。

企业凭什么预测当月的销售收入有 50% 是现金销售，有 50% 是下个月收回的呢？这里的依据就是企业历年来的经营管理经验及信用政策的执行情况。

■ 生产预算——以销定产

生产预算是预算期产品销售数量、期末存量和生产数量的预算。做生产预算，要以销定产，要根据当期的销售量、期初库存量和期末库存量来确定生产量。

销量的确定

这里销量的确定也就是预计销售量的确定，而预计销售量的确定来自销售预算。

期初、期末产品库存量的确定

正常情况下，公司的存货会有一个库存量，以保证即使发生额外需求时公司也能按时供货。存货的库存量,通常按下期销售量的一定比例来加以确定。如企业按 10% 的比例安排期末存货,预计下年度销售量为 100 万件,那么该企业应确定的期末库存量就应该为 10 万件,而当年的期末库存就是下年年初的期初库存。

预计生产量的确定

影响生产预算的因素,首先是销量,其次是期初库存,最后是期末库存。因而预计生产量的公式可以表达为:

$$预计生产量 = 预计销量 + 预计期末库存量 - 期初库存量$$

例如,某企业本年度预计的产品销量和期初结存量如表 4–2 所示,假定该企业按 10% 的比例安排期末存货,试编制该企业的生产预算。

表 4–2 产品销量和期初结存量表

项目	第一季度	第二季度	第三季度	第四季度
预计销量/件	1 000.00	1 200.00	1 500.00	1 600.00
期初结存量/件	400.00	450.00	500.00	550.00

该企业生产预算的编制如表 4–3 所示。

表 4–3 生产预算表

年度：××××年　　　　　　　　　　　　　　　　　　　　　单位：件

项目	第一季度	第二季度	第三季度	第四季度	全年
预计销量①	1 000.00	1 200.00	1 500.00	1 600.00	5 300.00
加：预计期末库存量②	500.00	550.00	600.00	650.00	2 300.00
预计需要量③ = ① + ②	1 500.00	1 750.00	2 100.00	2 250.00	7 600.00
减：期初结存量④	400.00	450.00	500.00	550.00	1 900.00
预计生产量⑤ = ③ – ④	1 100.00	1 300.00	1 600.00	1 700.00	5 700.00

生产预算对管理的启示

1. 最佳库存量的确定

企业的存货是需要成本的，该成本不仅仅包括资金成本，还包括管理费用，其中仓库的租金就是一笔不小的开支。在管理环节中出现存货破损、存货丢失也是常有的事情。

于是有些企业创新地采用了零库存的管理模式，这种模式是把自己企业的库存风险转移给了供应商和销售商，而这其中的管理要求更加精细和严格，否则很难实现"零库存"。

所以，库存量的确定是一个看似简单却关乎企业命运的重要问题，同时这也是一个不容易解决的问题。

2. 生产能力的衡量

企业预计的生产能力不能与正常的生产能力偏离太多。低于正常生产能力，意味着企业的生产能力利用率不足，单位产品分摊的固定成本就比较高，产品的生产成本就会比较高。高于正常生产能力，或者超过企业的产能水平，这是正常情形下无法实现的目标，除非企业可以委托其他企业代为生产。

■ 采购预算——以产定购

采购预算是指采购部门在一定计划期间（如年度、季度或月度）编制的材料采购用款计划，这个预算过程要建立在生产预算的基础上。

企业编制采购预算要以产定购，关键在于生产消耗量、材料期初库存、材料期末库存的确定。

生产消耗量的确定

公式：

生产消耗量 = 预计生产量 × 单位产品材料用量

需要注意的是，预计生产量的数据来自生产预算，单位产品材料用量的数据来自标准成本资料或消耗定额资料，两项相乘即得出生产消耗量的数额。

材料期初、期末存货量的确定

材料也是存货的一部分，前面我们讲的是产品的库存量，正常情况下企业原材料、辅助材料都需要保持一定的存货，以备额外之需。

材料期初、期末存货量的确定，可以根据实际情况而定。

通常，各季度的期末材料存量可以根据下季度的生产量按比例确定。例如，企业下季度的生产量是150件，需要材料15000吨，本期材料的库存应为下季度生产消耗量的10%，则材料的库存量=15000×10%=1500(吨)。而各季度的材料期初存量就是上季度的材料期末存货。

预计采购量的确定

生产消耗量和材料的期初、期末存货量确定之后，预计的各季度采购量就可以通过以下公式计算得出：

预计采购量 = 生产消耗量 + 期末存量 − 期初存量

现金支出的预计

预计的采购量和采购金额确定了，企业还需要考虑一个采购付款的问题，即预计材料采购各季度的现金支出，便于以后编制现金预算。

例如，假设企业材料采购的货款有 50% 在本季度内付清，另外 50% 在下季度付清。那么，根据我们在前文给出的条件，采购预算的编制如表 4-4 所示。

表 4-4 采购预算表

年度：××××年

项目	第一季度	第二季度	第三季度	第四季度	全年
预计生产量 / 件①	1 100.00	1 300.00	1 600.00	1 700.00	5 700.00
材料定额消耗 /kg ②	2.00	2.00	2.00	2.00	2.00
生产需要量 /kg ③ = ① × ②	2 200.00	2 600.00	3 200.00	3 400.00	11 400.00
加：期末结存量 / 件 ④	320.00	250.00	280.00	350.00	350.00
预计需要量合计 / 件 ⑤ = ③ + ④	2 520.00	2 850.00	3 480.00	3 750.00	11 750.00
减：期初结存量 / 件 ⑥	120.00	250.00	280.00	250.00	720.00
预计采购量 / 件 ⑦ = ⑤ - ⑥	2 400.00	2 600.00	3 200.00	3 500.00	11 030.00

（续表）

项目	第一季度	第二季度	第三季度	第四季度	全年
材料计划单价/元⑧	120.00	120.00	120.00	120.00	120.00
预计购料金额/元 ⑨=⑦×⑧	288 000.00	312 000.00	384 000.00	420 000.00	1 323 600.00
应付账款期初/元⑩	200 000.00				15 000.00
第一季度购料付现/元	144 000.00	156 000.00			42 000.00
第二季度购料付现/元⑪=⑨×50%		144 000.00	192 000.00		50 000.00
第四季度购料付现/元			156 000.00	210 000.00	60 000.00
第四季度购料付现/元				156 000.00	210 000.00
现金支出合计/元⑫=⑩+⑪	344 000.00	300 000.00	348 000.00	366 000.00	1 358 000.00

采购预算对管理的启示

1. 材料消耗定额的确定

企业材料消耗定额的确定，直接关系到生产成本的高低和生产成本管理的情况。该数据的来源必须由生产技术部门提供。

此处确定的材料消耗定额，既是标准，也是对生产部门考核的要求。

2. 材料库存的确定

材料储存得少，一旦供应不足，就会影响生产；材料储存得多,采购成本、储存成本、资金成本都会随之增加,所以企业在做预算的时候,需要精确地计算,在得失之间权衡,慎之再慎。

3. 付款比率的确定

在采购环节,企业需要定期向供应商付款,其中企业与对方的合作条件和信用非常重要。这体现了供应商对企业的信任度和信用期间。

■ 制造费用预算——以产定耗

直接材料、直接人工消耗都是可以直接计入产品成本中的。但是,企业在生产的时候,会发生很多不能直接计入产品成本的费用,这类费用就是制造费用。

另外,生产车间通常同时生产不同种类的产品,除使用基本生产车间生产外,有时还需要辅助生产车间来辅助生产。

那么,辅助生产车间所发生的成本费用就要按照产品的种类和车间进行分配,分配的环节是将该部分成本费用计入制造费用中。

制造费用通常分为变动制造费用和固定制造费用。

变动制造费用,与产量成正比例变动,产量越高,成本越高。

固定制造费用，在一定产量范围内，与产量没有直接关系，产多少，成本都是固定的。如车间设备的折旧，厂房的租金。

在编制预算的时候，我们需要分别编制变动制造费用预算和固定制造费用预算，两项合计，即制造费用预算总额。

变动制造费用的确定

变动制造费用和产量息息相关，所以要以生产预算为基础来编制。

如果有完善的标准成本资料，那么：

$$变动制造费用 = 单位产品变动制造费用 \times 产量$$

如果没有标准成本资料，就需要逐项预计计划产量需要的各项制造费用。

固定制造费用的确定

通常需要逐项进行预计，可按各期生产需要等情况初步预计，然后求出全年总数。这里需要注意一点，固定制造费用通常与产品的本期产量无关。

制造费用的确定

根据 Y=a+bx 的计算公式，a 相当于制造费用中的固定部分，bx 相当于制造费用中的变动部分。

变动制造费用和固定制造费用分别确定以后，制造费用也就确定了：

$$制造费用总额 = 变动制造费用 + 固定制造费用$$

付现费用的确定

除折旧费用外，制造费用一般都需支付现金。因此，在各期制造费用数额的基础上，扣除折旧费用后，即可得出付现费用。

例如，某企业制造费用预算的相关资料如表 4–5 所示。

表 4–5 某企业制造费用预算表

变动制造费用			固定制造费用	
费用项目	变动系数	直接人工小时数（小时）	费用项目	金额（元）
直接人工	0.30		维护费用	21 000.00
间接材料	0.15		折旧费用	36 000.00
维护费用	0.05	28 500.00	管理费用	10 500.00
水电费用	0.20		保险费用	15 200.00
润滑剂	0.10		财产税	1 300.00

分析：根据所给的资料，应先计算出变动费用支出和固定费用支出，二者的总和即为制造费用的全年支出。

需要注意的是，汇总后的固定制造费用总额，在扣减折旧费用之后，得出的才是固定费用现金支出的正确数额。

该企业的制造费用预算如表4-6所示。

表4-6 制造费用预算表

年度：××××年

费用项目	变动制造费用			固定制造费用	
	变动系数①	直接人工小时数（小时）②	金额元 ③=①×②	费用项目	金额（元）
直接人工	0.30		8 550.00	维护费用	21 000.00
间接材料	0.15		4 275.00	折旧费用	36 000.00
维护费用	0.05	28 500.00	1 425.00	管理费用	10 500.00
水电费用	0.20		5 700.00	保险费用	15 200.00
润滑剂	0.10		2 850.00	财产税	1 300.00
小计	0.80		22 800.00	小计	84 000.00
变动费用支出合计④			45 600.00		
固定费用合计⑤					84 000.00
制造费用合计 ⑥=④+⑤					129 600.00
非付现金额					36 000.00
付现金金额					93 600.00

制造费用预算对管理的启示

第一，制造费用也需要建立标准，尤其对于变动制造费用。它是衡量企业间接生产成本高低的主要因素，最适合制造费用的核算方法是作业成本法。

作业成本法的主要原理是按照作业动因分配成本，即多消耗多分，少消耗少分。而传统的成本分配方法是根据产品的产量和产品的销售价格进行分配，可能与真实的消耗水平相背离。

第二，变动制造费用和固定制造费用要划分清楚，如果划分不清楚，就会算不清楚。

第三，如果企业生产的利用程度不高，单位的变动成本总额就会相对比较高。

■ 人工费用预算——以产定工

人工费用预算也是以生产预算为基础编制的。编制人工费用预算，关键在于以产定工，所涉及的主要内容有：预计产量、单位产品工时、人工总工时、每小时人工成本和人工总成本。

在进行人工预算之前，我们需要知道，预计产量的数据来自生产预算，单位产品人工工时和每小时人工成本来自标准成本资料。

人工总工时的确定

预计产量和单位产品人工工时确定之后,人工总工时就可以通过公式计算得出:

人工总工时 = 预计产量 × 单位产品人工工时

人工总成本的确定

人工总工时确定了,而每小时人工成本来自标准成本资料。于是人工总成本也可以通过公式计算得出:

人工总成本 = 人工总工时 × 每小时人工成本

需要注意的是,由于人工工资一般都通过现金支付,因而不需另外预计现金支出,可直接进行现金预算的汇总。

例如,如果某企业每生产一件甲产品,耗时 5 小时,单位工时工资率为 3,则该产品的直接人工预算如表 4–7 所示。

表 4–7 直接人工预算表

年度:××××年　　　　　　　　　　　　　　　　单位:元

项目	第一季度	第二季度	第三季度	第四季度	全年
预计生产量/万件①	1 100.00	1 300.00	1 600.00	1 700.00	5 700.00
单耗工时/时②	5.00	5.00	5.00	5.00	5.00

（续表）

项目	第一季度	第二季度	第三季度	第四季度	全年
直接人工小时数 ③=①×②	5 500.00	6 500.00	8 000.00	8 500.00	28 500.00
单位工时工资率④	3.00	3.00	3.00	3.00	3.00
预计直接人工成本 ⑤=③×④	16 500.00	19 500.00	24 000.00	25 500.00	85 500.00

直接人工预算对管理的启示

1. 单位产品的直接人工消耗

它体现的是工作效率。戴尔公司为了控制生产环节的成本，在车间安装摄像头，把工人的操作拍摄下来，选出效率最高的那个人，作为全体工人学习的标准。

所以说，单位产品的直接人工消耗是一个标准，也是企业的考核目标。

2. 单位产品的直接人工工资率

它体现的是工资水平。车间操作人员的工资一般都不是很高。中国是一个劳动力比较廉价的市场，主要原因是中国人力实在太多了，而就业市场有限。所以，工人讨价还价的能力也就有限。

目前，随着国内经济的不断发展，车间人员的人工成本也在逐渐增加，真正的蓝领时代正在来临。

■ 单位产品成本预算——预计的成本定额

产品成本预算是生产预算、直接材料预算、直接人工预算、制造费用预算的汇总。只有产品的单位生产成本预算编制出来了，我们才能知道生产单位产品的真实成本是多少，进而才能判断这种产品投产后，究竟能不能给企业带来利润。

产品成本预算的主要内容，我们可以从产品的单位成本和总成本两方面来考虑。

单位成本

产品单位成本的构成有三大块：第一是直接材料，第二是直接人工，第三是制造费用。制造费用又分变动部分和固定部分。

与该预算相关的数据均来自上述三个预算。也就是说，生产量、期末存货量来自生产预算，销售量来自销售预算。用公式可以表达为：

单位成本＝单位直接材料＋单位直接人工＋单位制造费用

总成本

产品总成本的构成也分为三大块：生产成本、存货成本和销货成本。

在单位成本确定后，总成本的计算就非常简单了，我们可以通过单位成本和相关数量相乘计算得出。用公式可以表示为：

总成本 = 单位成本 × 本期生产量

我们都知道，企业进行任何一项经营决策，首先都要衡量成本和收益。如果成本算得不准，那么企业的决策就肯定会失误。

我们沿用前文中的相关项目数据，可以汇总编制出单位生产成本的预算（见表4-8）。其数据来源为，产量来源于生产预算，直接材料消耗来源于采购预算，直接人工来源于直接人工费用预算，变动制造费用和固定制造费用来源于制造费用预算。

表 4-8　单位生产成本预算表

年度：××××年

成本项目	单位用量①	单位价格②	单位成本（元）③＝①×②
直接材料	2.00	120.00	240.00
直接人工	5.00 小时	3.00 元/小时	15.00
变动制造费用	5.00 小时	1.60 元/小时	8.00

(续表)

成本项目	单位用量①	单位价格②	单位成本（元）③=①×②
单位变动生产成本④			263.00
单位固定生产成本⑤	=固定制造费用总额/年产量=84000/5700		14.74
单位生产成本=④+⑤			277.74
期末存货预算	期末存货数量		650.00
	单位生产成本		277.74
	期末存货成本		180 531.00

单位成本预算对管理的启示

第一，单位生产成本是企业成本控制的主要目标。

如果生产环节成本过高，产品毛利率就比较低，降价的空间就非常小，同行业竞争也就不占优势。

第二，预算的单位生产成本，应该是企业考核生产部门的主要指标。

第三，企业必须做的是，将生产成本控制在一定水平。

因为企业基本无法左右市场价格，想获取利润必须降低成本。在和成本相关的诸多因素中，生产成本起到的作用最大。

销售及管理费用预算——预计的费用标准

企业的期间费用包括销售费用、管理费用和财务费用三类。

销售费用，是企业为了销售所发生的费用。销售费用的直接发生部门是销售部，也包括后期的客户支持服务部。

管理费用，是企业为了综合运营而发生的费用。通常行政部门所发生的费用，是管理费用。

财务费用，是企业为了筹资所支付的费用。一般情况下，企业和银行或金融部门发生的费用计入财务费用。

这是通常情况下，我们对期间费用的三种分类，也是利润表上所显示的三大费用类别。

销售费用预算

销售费用预算是以销售预算为基础的，需要分析销售收入、销售利润和销售费用的关系。

企业在安排销售费用时，既可以使用量本利的分析方法，也可以使用适合自己企业的方法，目的都在于以最少的费用支出来获取最多的收益，也就是通常所说的开源节流。

当然，销售费用的预算对于销售部门是一种考核，也是一种约束。企业要权衡一下，每一元销售费用的投入在实际中能换取多少销售收入。

管理费用预算

企业在编制管理费用预算时，要分析企业历年的管理费用发生额，根据企业上几个年度的经营情况，估计哪些费用下一年度会发生，哪些费用下一年度会增加，哪些费用下一年度可以减少。

需要注意的是，管理费用多属于固定成本。所以，一般是以过去的实际开支为基础，按预算期的可预见变化来调整。

销售及管理费用预算

关于销售和管理费用的预算，我们采用弹性预算方法，也就是根据 $Y = a + bx$ 这个公式，分别确定变动的成本和不变的成本，然后加以汇总计算。公式表达如下：

销售及管理费用总额 = 变动销售及管理费用 + 固定销售及管理费用

预计现金支出

与采购预算中的计算大致相同,在已经计算出的费用总额基础上,扣减折旧费用,得出的就是现金支出总额。然后,企业再分摊到各期,得出的就是各期的预计现金支出。

在这里,我们假设变动费用与生产工时有关,其实,企业可以根据自己的实际情况来确定变动费用与哪些因素有关,并确定相关系数。如表4-9所示。

表4-9 销售费用与管理费用预算表

年度:××××年

费用明细项目		系数	全年人工总工时	预算金额(元)
变动费用	销售佣金	5.00	20 250.00	101 250.00
	办公费用	4.00	20 250.00	81 000.00
	运输费用	4.00	20 250.00	81 000.00
	…			
	变动费用合计	13.00	20 250.00	263 250.00
固定费用	广告费			150 000.00
	管理人员工资			60 000.00
	保险费用			8 000.00
	折旧费用			50 000.00
	财产税			4 000.00
	…			
	固定费用合计			272 000.00

（续表）

费用明细项目		系数	全年人工总工时	预算金额（元）
预计现金支出	销售及管理费用总额			535 250.00
	减：折旧费用			50 000.00
	现金支出总额			485 250.00
	每季度支付			121 312.50

说明：根据资料，应先计算出变动费用和固定费用的合计数，二者的总和即为销售费用与管理费用的总额。然后，扣减折旧费用，得出现金支出总额，再分摊到每个季度，从而预算出每季度支付的预计现金支出。

销售及管理费用预算对管理的启示

在编制销售与管理费用预算的时候，最主要的是，先确定哪些是固定费用，哪些是变动费用。

一般来说，企业在做销售和管理费用预算的时候，应该有一个金额指标，在这个范围之内是合理性的支出，超出这个范围就需要相关部门的审批。

销售和管理费用预算是对公司日常行政和销售事务的一种约束。

第四章 | 经营预算：企业的柴米油盐

> **本章小结**
>
> 1. 在编制销售预算时，需要关注：销售数量、销售价格、销售收入、收现的比例和时间。
>
> 2. 企业做生产预算，要以产定销，根据当期的销售量、期初库存量和期末库存量来确定生产。
>
> 3. 采购预算的关键在于消耗量、材料初期库存、材料期末库存。
>
> 4. 制造费用通常分为变动制造费用和固定制造费用。
>
> 5. 编制人工费用预算的关键在于以产定工。
>
> 6. 产品预算主要从产品的单位成本和总成本两个方面来考虑。

第五章

资本预算：企业的投资理财

在投资时，有时候我们会被一些项目所迷惑。其实，我们不是被别人骗了，而是被自己的判断所欺骗了。在投资中，这个项目是个"馅饼"还是个"陷阱"，决策者可真的要擦亮眼睛。

第五章 | 资本预算：企业的投资理财

■ 投资总额的估算——投多少

资本预算又称专门决策预算，主要是针对企业的长期项目投资。

通常情况下，项目投资所涉及的资金投资比较大，而回收期却比较长，整个预算期间要跨多个年度。

编制资本预算的主要目的是，能够给项目财务可行性分析提供必要的依据。同时，也可以为企业筹资决策提供重要的资料，这是因为，有投才需要筹。

资本预算的步骤通常为：

第一，估算项目投资总额；

第二，估算项目期间的现金流量，包括投资的流出和经营的流入；

第三，估计项目的风险情况，确定资本成本；

第四，估算投资项目的净现值、投资回收期、投资回收率等指标；

第五，根据企业的情况进行决策；

第六，安排项目投资所需的资金。

项目投资总额

项目投资总额包括原始投资和资本化利息（见图5-1）。

公式：

$$项目投资总额 = 原始投资 + 资本化利息$$

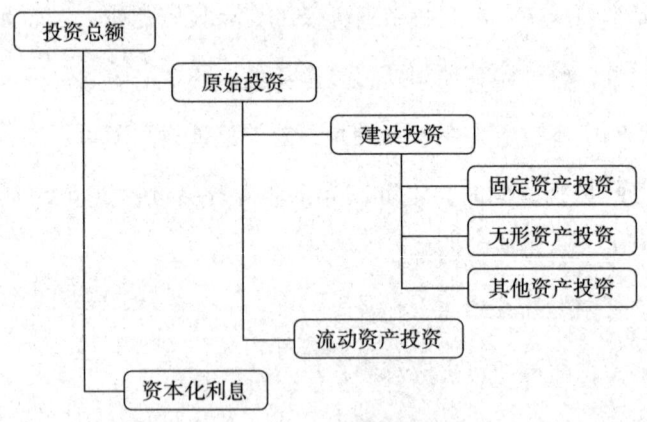

图5-1 项目投资总额图

1. 原始投资

原始投资包括建设投资和流动资产投资，其中建设投资包括固定资产投资、无形资产投资和其他资产投资。

2. 资本化利息

资本化利息（借款费用），一般指建设期利息，是指企业为项目建设投资而取得的银行借款。在项目建设期间，符合资本化条件的利息，可以计入投资总额中；不符合资本化的利息，计入当期的损益。

如果企业建设期间的利息总额为200万元，其中有50万元符合资本化条件，150万元不符合资本化条件，那么企业当期计入利润表的财务费用为150万元，资本化的50万元待企业项目结束后，转为固定资产的时候，随着资产总额计提折旧。

说明：《企业会计准则第17号——借款费用》对借款费用资本化进行了解释。

第四条　企业发生的借款费用，可直接归属于符合资本化条件的资产的购建或者生产的，应当予以资本化，计入相关资产成本；其他借款费用，应当在发生时根据其发生额确认为费用，计入当期损益。符合资本化条件的资产，是指需要经过相当长时间的购建或者生产活动才能达到预定可使用或者可销售状态的固定资产、投资性房地产和存货等资产。

第五条 借款费用同时满足下列条件的，才能开始资本化：

（一）资产支出已经发生，资产支出包括为购建或者生产符合资本化条件的资产而以支付现金、转移非现金资产或者承担带息债务形式发生的支出；

（二）借款费用已经发生；

（三）为使资产达到预定可使用或者可销售状态所必要的购建或者生产活动已经开始。

项目的计算期

项目的计算期（见图5-2）包括建设期和运营期，其中，运营期由试产期和达产期组成。

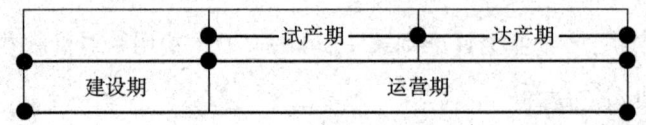

图5-2 项目的计算期结构

例如，企业投资一个项目，建设期为2年，试产期为0.5年，达产期为17.5年。

则项目的计算期 = 2 + 0.5 + 17.5 = 20（年），即建设期2年，运营期18年。

建设投资估算

建设期间发生的投资称为建设投资，按其形成资产的类型分为固定资产、无形资产和其他资产。对建设投资的估算也是对以上三项资产投资的估算。

公式：

建设投资＝固定资产投资＋无形资产投资＋其他资产投资

1. 固定资产投资

企业进行项目投资，一定会有固定资产的投入，例如建筑工程、设备的购买、设备的安装和一些基础设施的投入等。

在做项目预算时，形成固定资产的计算方法及计算依据非常重要，这将直接影响到投资总额。我们在这里对具体的估算方法进行简单的介绍，供大家在日常工作中参考和使用。

① 建筑工程费

建筑工程通常为厂房、仓库、码头、道路、水库等建筑类的工程。其估算方法可以按照单位建筑工程投资估算法、单位实务工程量投资估算法和概算投资估算法进行估算。

例如，企业拟投资一个项目，需要平整土地和自盖厂房。厂房建筑工程的实务工程量预计为3万平方米，预算的造价为1200元/平方米。土地平整的工程量为15万平方米，同类单位建筑工程的标准为 20 元 / 平方米。则该项目的建筑工程费 = 3 × 1200 + 15 × 20 = 3900（万元）。

要想把建筑工程的预算做好并不容易，尽管建筑工程预算的公式看起来比较简单，但在实际施工的时候还会遇到很多的问题，偷工减料、敷衍了事的事情也屡见不鲜。

预算虽然不能完全解决实际施工的问题，但是起码能对施工的进度、质量进行要求和约束。

②**设备购置费**

企业在做预算的时候，可以将设备分成两类：一类是主要设备，这些设备是企业生产的核心设备；一类是辅助设备，是除主要设备以外的生产经营所用的工具、器具等。

第一项，主要设备的购置费。

企业购买的主要设备金额通常都比较大，应考虑技术、厂家、价格、质量等多种因素，从多方面进行比较。

通常情况下，设备的购置费包括买价、运费、相关的税金及保险费等。

例如，企业购买一批设备，不含税的价格为 500 万元，增值税率为 13%，运费 5 万元，保险费 5000 元。

主要设备的购置费 = 500 + 5 + 0.5 = 505.5（万元）。

说明：增值税一般纳税人购进（包括接受捐赠、实物投资，下同）或者自制（包括改扩建、安装，下同）固定资产发生的进项税额，可根据《中华人民共和国增值税暂行条例》（以下简称条例）和《中华人民共和国增值税暂行条例实施细则》的有关规定，凭增值税专用发票、海关进口增值税专用缴款书和运输费用结算单据从销项税额中抵扣。其中准予抵扣的固定资产是指条例及其实施细则所规定的固定资产范围，条例第二十一条所规定的"固定资产是指使用期限超过12个月的机器、机械、运输工具以及其他与生产经营有关的设备、工具、器具等"。

对于一般纳税人的不动产以及用于不动产在建工程的购进货物，是不准予抵扣进项税额的。

因为，增值税的进项税是可以按照有关规定进行抵扣的，所以，计算投资总额的时候，不考虑进项税额的问题。

第二项，辅助设备的购置费。

如果辅助设备均可以在项目投资时详细列出需要的项目，并参考市场价格确定价格，那么企业可以按照所需要的数量乘以单价，计算出辅助设备的购置费用，并要考虑相关的运输费、保险费及税金。

如果辅助设备不能全部详细列出需要的项目，则可以按照主要设备购置费的一定百分比计算，该百分比的确定可以参考行业或相关部门的规定。

例如，该企业投资此项目的辅助设备购置费的行业标准为主要设备购置费的 10%，则辅助设备的购置费 = 505.5×10% = 50.55（万元）。

③设备的安装费

通常采购合同会确定设备的安装费用金额。有的需要根据重量和单价计算，有的需要根据设备购置费的一定百分比计算。具体选择的方法根据企业的实际投资项目情况，由主要负责的技术人员确定。

做预算的时候，必须依据合同和实际情况确定，而不能自己闭门造车。

例如，企业的设备安装费为购置费的 5%，则设备的安装费 =（505.5+50.55）×5% = 27.80（万元）。

④固定资产的其他费用

该部分费用包括建设单位的管理费、可行性研究费、勘察设计费、环境影响评价费、工程保险费、工厂建设监理费、联合试运转费、绿化费等内容。

估计方式可以根据建筑工程费、设备购置费、设备安装费的一定百分比估计。具体比例的确定，依据项目的实际情况，需参考专业的技术指标。

例如，企业投资的这个项目，预计固定资产的其他费用为工程费用的 15%，则固定资产的其他费用 =（505.5 + 50.55 + 27.80）× 15% = 87.58（万元）。

所以，固定资产投资的公式为：

固定资产投资＝建设工程费＋设备购置费＋设备安装费＋其他费用

企业要根据实际情况，计算出固定资产投资。

2. 无形资产投资

企业无形资产的投资包括专利权、商标权、非专利技术、土地使用权和特许权等方面。

①专利权和商标权

如果是外购的，按照取得的价格计算；如果是投资者投入的，按照约定价格或评估价格计算；如果是内部研创的，按照成本法或市价法评估。

②非专利技术

如果是外购的，按照取得的成本计算；如果是投资者投入的，按照市价法或收益法计算。

③土地使用权

如果土地使用权是通过有偿转让方式取得的，按照预计发生的取得成本计算；如果土地使用权是投资者转入的，按照合同、协议约定的价格或公允价格计算。

④特许权

通常情况下按照特许权的取得成本计算。

3. 其他资产

其他资产包括的内容有生产准备费和开办费。

①生产准备费

生产准备费指企业新建项目或新增生产能力时,为确保投产期间能进行生产而发生的费用,包括员工的培训费、生产人员熟悉工艺及设备性能的相关费用。

估算方式,可以按照工程费用及生产准备费率计算,生产准备费率可以采用行业标准。

例如,企业投资项目的生产准备费率行业标准为3%,则生产准备费=工程费用×3%=(505.5+50.55+27.80)×3%=17.52(万元)。

②开办费

开办费是企业在筹建期间发生的,不能计入固定资产和无形资产,也不属于生产准备的各项费用。

估算方式,可以按照工程费和开办费率估算,开办费率可以采用行业标准。

例如,企业投资项目的开办费率行业标准为5%,则开办费=工程费用×5%=(505.5+50.55+27.80)×5%=29.19(万元)。

4. 预备费

预备费是指在项目可行性研究的过程中，难以预料的透支支出，如自然灾害引发的工程损失，材料涨价引发的成本增加。预备费分为基本预备费和涨价预备费。

①基本预备费

基本预备费是指自然灾害可能带来的损失。

公式：

$$基本预备费 =（固定资产 + 无形资产 + 其他资产）× 基本预备费率$$

其中，基本预备费率可以根据行业的数据确定。

②涨价预备费

涨价预备费是指建设期间由于通货膨胀等引起设备及材料涨价的投资。

公式：

$$涨价预备费 = 工程费用 × 涨价预备费率$$

其中，涨价预备费率通常为通货膨胀率。

在计入预备费时，需要增加相应的资产价值。

例如，企业投资一条生产线，固定资产为 400 万元，预备费为 40 万元，则固定资产的价值为 400 + 40 = 440（万元）。

流动资金投资

企业投产前期需要垫支流动资金用于日常现金的储备、原材料、辅助材料的购买等流动项目。

流动资金投资通常采用估算方法。其估算方法主要有分项详细估算法和扩大指标估算法。

1. 分项详细估算法

公式：

本年流动资产投资额＝本年流动资金需要额－上年流动资金需要额

本年流动资金需要额＝本年流动资产需要额－本年流动负债额

说明：

分项详细估算法，需要根据流动资产和流动负债的最低周转率来确定其周转额。

使用该方法要确定周转天数、周转次数、周转额。例如，流动资产的周转次数、流动负债的周转次数。

例如，企业投资项目的年平均销售收入为1亿元，流动资产的需要额是1000万元，流动负债的需要额是500万元，则，流

动资金 = 1000 – 500 = 500（万元）。

2. 扩大指标估算法

公式：

> 流动资金 = 年营业收入 × 营业收入资金率 = 年经营成本 × 经营成本资金率 = 年产量 × 单位产量占用流动资金额

扩大指标计算法比较简单，采用哪种公式，直接改变公式的组成因素就可以了，关键是看企业采用哪种指标合理，流动资金与哪种因素更相关。

例如，企业投资一个项目，年营业收入预计为1亿元，流动资金预计为营业收入的10%，则企业流动资金 = 10000 × 10% = 1000（万元）。

从上面一系列的表述中我们知道，企业投资总额的估计是一项比较复杂的工程，它不是一个部门能单独完成的任务，必须汇集建设部门、设计部门、采购部门以及财务部门，还需要聘请该行业的专家确定相关专业的技术指标及数据。在估算每项内容的同时，一定要确定好估算的方法和标准。

下面，我们来看一个简单投资总额估算表。

例如，某企业拟投资一个建设项目。该项目建设期为1年，投资资金于期初一次投入，项目运营期为6年。有关建设投资的资料如表5–1所示。

表 5-1 投资总额汇总表

序号	工程或费用名称	估算价值（万元）				
		设备购置费	安装工程费	建筑工程费	其他基建费	合计
一	工程费用					
1	主要生产项目	42 300	12 570.00	9 430.00		64 300.00
2	辅助生产项目	1 778.00	537.00	2 990.00		5 305.00
3	公用工程	19 065.00	4 766.00	4 129.00		27 960.00
4	厂区工程	70.00	3 123.00	156.00		3 349.00
5	总图运输	1 012.00	125.00	1 378.00		2 515.00
6	办公楼			360.00		360.00
…	…	…	…	…		…
	第一部分费用合计	65 835.00	22 184.00	18 481.00		106 500.00
二	工程建设其他费用					
1	建设单位管理费				2 019.50	2 019.50
2	勘察设计费				2 872.80	2 872.80
3	可研报告编制费				100.00	100.00
4	生产工人进厂及培训费				212.00	212.00
5	办公家具购置费				61.30	61.30
…	…				…	…
	第二部分费用合计				6 450.00	6 450.00
	第一、二部分费用合计	65 835.00	22 184.00	18 481.00	6 450.00	112 950.00

（续表）

序号	工程或费用名称	估算价值（万元）				
		设备购置费	安装工程费	建筑工程费	其他基建费	合计
三	预备费				11 250.00	112 50.00
	第一、二、三部分费用合计	65 835.00	22 184.00	18 481.00	17 700.00	124 200.00
四	建设期贷款利息					
	固定资产投资	65 835.00	22 184.00	18 481.00	17 700.00	124 200.00
五	流动资金				14 300.00	14 300.00
	总资金	65 835.00	22 184.00	18 481.00	32 000.00	138 500.00
	比例	48%	16%	13%	23%	

通过表5-1，我们对投资总额的估算会有一个比较清楚的了解。

■ 融资方案的确定——融多少，从哪里融

投资项目的投资总额估算出来后，企业就要进行融资了，也就是筹集投资所需要的资金。

那么，从哪里融资、融多少，这就是企业接下来需要考虑的问题。

一个企业制定融资方案，首先必须有明确的资金来源，再选

择出适合的融资方式，最后在这两方面的基础上，制定可行的融资计划。

融资金额

企业如何确定内部融资和外部融资的金额呢？

第一步，企业需要确定资金的需求金额，就是前面讲过的投资总额。

第二步，企业需要估算企业可动用资金的金额。

第三步，确定外部融资金额。

外部融资金额 = 投资总额 – 内部融资金额

第四步，确定外部融资的方式，是采用股权融资还是债权融资。

例如，企业项目投资的总额为1亿元，企业内部可以动用的资金为2000万元，则企业需要外部融资金额为10000 – 2000 = 8000（万元）。

说明：企业内部融资一定不能影响企业的正常生产经营，有很多企业用生产的钱去投项目，项目投资失败了，生产也无法继续下去了，最后资金链断裂，导致企业元气大伤，甚至破产。

融资方式

按照资金的来源方式,企业资金可分为内部融资与外部融资两种方式。

内部融资,资金来源是企业内部的自由流动资金,主要包括企业利润的留存、资产的变现、产权的转让等。

外部融资,资金的来源有股权资金和债权资金。

股权资金是股东投入的,企业可以通过发行股票或吸收直接投资的方式取得股权资金。

债权资金是从银行、金融机构、信托、担保、典当、其他企业或个人处取得的资金。

如果企业投资项目所需的资金比较多,内部的资金不能满足项目的需求,很多企业就会考虑从外部融资。

融资计划

企业的融资计划是对融资活动的具体安排,包括融资金额的确定、融资方式的选择、资金结构的安排。

仍然利用表5–1中的条件,假定:

企业可用于投资的自有资金有44500万元(其中,货币资金14500万元,留存收益30000万元);

拟从商业银行借款18000万元，期限为3年，借款年利率8%，借款费用率0.2%，每年付息一次，期末一次偿还本金；

拟发行债券筹资40000万元，债券面值1000元，期限为3年，票面利率为6%，每年付息一次，到期一次还本，发行的费用率为3%；

其余的资金通过发行普通股进行筹集，每股面值1元，筹资费用率为2%，预计股利年增长率为8%。该公司目前的股票市价为25元，本年发放的现金股利为每股0.6元。企业的所得税税率为20%。该投资项目的投资总额如表5-2所示。

表5-2 投资总额汇总表

序号	工程或费用名称	金额（万元）
1	工程费用	106 500.00
2	工程建设其他费用	6 450.00
3	预备费	11 250.00
4	建设期贷款利息	0.00
5	流动资金	14 300.00
	项目总投资合计	138 500.00

根据以上资料，我们可以通过制作一张资金筹措表（见表5-3），这样融资计划就制订出来了。

企业投资总额为138500万元，可动用的内部资金为44500万元，则企业需要的外部融资金额＝138500－44500＝94000（万元）。

表 5-3 资金筹措表

序号	筹资方式	筹资额（万元）	筹资比例
1	自有资金筹资		
1.1	货币资金	14 500.00	10.47%
1.2	留存收益	30 000.00	21.66%
	自有资金额合计	44 500.00	32.13%
2	外部资金筹资		
2.1	商业银行借款	18 000.00	13.00%
2.2	发行债券	40 000.00	28.88%
2.3	发行普通股	36 000.00	25.99%
	外部资金额合计	94 000.00	67.87%
	筹资总额合计	138 500.00	100%

说明：项目投资通常会涉及多个期间，资金筹措表也需要列出各个计算期的资金筹措情况。在此处，我们简化处理，假设所有的投资是期初一次性投入的。

■ 资本成本的确定——付多大的代价

企业的投资方案和筹资方案确定以后，就要开始计算资本的成本了，也就是"拿钱的代价"。

资本成本的构成

资本成本由筹资费和占用费两部分组成。

筹资费是指企业在筹集资本的过程中,为获取资本而付出的代价。例如,企业向银行借款,所支付的借款手续费,或者对外发行股票、公司债券所支付的发行费等,都属于筹资费的范畴。

占用费是指企业在资本使用过程中,因占用资本而付出的代价。例如,企业向贷款银行、债权人借款所支付的借款利息,或者向股东支付的股利等,都属于占用费。

筹资费和占用费的区别在于:

筹资费通常在资本筹集的时候,一次性发生,并且从筹集资金的总额中扣除。

例如,企业发行股票募集资金10亿元,其中发行费为3000万元,则企业实际取得的资金为9.7亿元。

占用费是在资本使用的过程中发生的,并且是一个长期支付的过程。

例如,企业向银行借款5000万元,期间为3年,年利息率为6%,则企业每年需要支付的银行利息为300万元。

资本成本的计算

资本成本分为个别资本成本和加权平均资本成本。个别资本成本反映的是单项融资成本,加权平均资本成本反映的是企业所有融资的综合平均成本。

1. 个别资本成本

公式:

$$资本成本 = \frac{年资资金占用}{筹资总额 - 筹资费用额}$$

$$= \frac{年资金占用费}{筹资总额 \times (1 - 筹资费用率)}$$

①银行借款

需要考虑借款利息和借款手续费两部分。

公式:

$$银行借款资本成本 = \frac{年利率 \times (1 - 所得税税率)}{1 - 手续费率} \times 100\%$$

例如,企业从银行取得借款的年利率为 8%,所得税税率为 25%,手续费率为 0.5%,

则,银行借款资本成本 = 8% × (1 - 25%) ÷ (1 - 0.5%) = 6.03%

说明:利息费用具有抵税的作用,是在所得税前支付的,所以,计算银行借款成本的时候,使用税后的成本。

②公司债券资本

需要考虑债券利息和借款发行费用部分。

公式：

$$债券资本成本 = \frac{年利息 \times (1 - 所得税税率)}{债券筹资总额 \times (1 - 手续费率)} \times 100\%$$

例如，企业平价发行债券，债券面值为1000元，年利率为5%，发行的手续费为面值的0.5%，所的税率为25%。则，债券资本成本 = [1000×5%×（1-25%）]÷[1000×（1-0.5%）] = 3.77%。

说明：债券的利息也跟银行借款的利息一样，在税前支付，具有抵税的作用，所以实际资本成本比利息率低。

③普通股

普通股的成本计算方法通常有两种：一是资本资产定价模型；二是股利增长模型。

第一种：资本资产定价模型。

公式：

$$Ks = Rf + \beta(Rm - Rf)$$

假定条件：资本市场有效，股票的价格与价值相等；无风险报酬率为 Rf；平均市场报酬率为 Rm；某股票贝塔系数 β。

例如，无风险的报酬率为5%，平均市场保持率为15%，该股票的β系数为2。则，普通股的资本成本 = 5%+2×（15%-5%）= 25%

说明：无风险报酬率通常为同期国债的利率，股票的β系数反映的是股票是市场的风险水平，该值越高，风险越大。

第二种：股利增长模型。

公式：

$$K_s = [D_0(1+g)] / [P_0(1-f)] + g = D_1 / [P_0(1-f)] + g$$

假设条件：假设资本市场有效，股票价格与价值相等；某股票本期支付的股利为 D_0，未来各期股利的增长速度是 g；D_1 为第一期股利，f 为筹资费用率；目前股票的市场价格是 P_0。

例如，企业股票目前的市场价格为 20 元，本期股利 D_0 为 2 元，股利的增长率 $g = 10\%$，筹资费率 $f = 0.5\%$。则股票的资本成本 $= [2 \times (1 + 10\%)] \div [20 \times (1 - 0.5\%)] + 10\% = 21.06\%$

④留存收益

留存收益的资本成本计算方式和普通股基本相同，不同之处在于这里没有筹资费用一项。

2. 加权平均资本成本

通常情况下，企业会有几种筹资方式，每种筹资方式的成本都不相同，所筹资的资金都为企业的资本成本。所以，企业需要衡量一下资金的总成本，这个总体成本即加权平均资本成本。

公式：

$$K_w = \sum_{j=1}^{n} K_j W_j$$

在这个计算公式中，K_w 为加权平均资本成本，K_j 为第 j 种个别资本成本，W_j 为第 j 种个别资本在全部资本中的比重。

其中，对于权数的计算，可以采用账面价值、市场价值、目标价值等价值形式。

仍然依照前文表 5-1 中的内容，我们一起来看看每种筹资方式的筹资成本及筹资比例。

首先，我们需要通过表 5-4，来汇总筹资资料。

表 5-4　筹资汇总表

筹资方式	筹资额（万元）	筹资条件	筹资比例
自有资金筹资			
货币资金	14 500.00	企业原有	10.47%
留存收益	30 000.00	与普通股筹资相同	21.66%
外部资金筹资			
商业银行借款	18 000.00	期限为 3 年，借款年利率 8%，借款费用率 0.2%，每年付息一次，期末一次偿还本金	13.00%
发行债券	40 000.00	面值 1000 元，期限 3 年，票面利率 6%，每年付息一次，到期一次还本，发行费用率 3%	28.88%
发行普通股	36 000.00	面值 1 元，筹资费用率 2%，预计股利年增长率 8%，目前每股市价为 25 元，本年发放的现金股利为 0.6 元 / 股	25.99%

其次，根据个别资本成本的计算公式分别进行计算：

商业银行借款的资本成本 $= \dfrac{8\% \times (1-20\%)}{1-0.2\%} = 6.41\%$，

发行债券的资本成本 $= \dfrac{6\% \times (1-20\%)}{1-3\%} = 4.95\%$，

发行普通股的资本成本 $= \dfrac{0.6 \times (1+8\%)}{1-2\%} + 8\% = 10.64\%$。

对于自有资金筹资方式而言，货币资金是企业拥有的，没有资本成本，留存收益筹资与普通股筹资相同，但无须考虑筹资费用，即留存收益的资本成本 $= \dfrac{0.6 \times (1+8\%)}{25} + 8\% = 8.03\%$。

最后，汇总上述资本成本，通过表5-5，计算加权平均资本成本。

表5-5 加权平均资本成本

筹资方式	个别资本成本	权重
货币资金	0	10.47%
留存收益	8.03%	21.66%
商业银行借款	6.41%	13.00%
发行债券	4.95%	28.88%
发行普通股	10.64%	25.99%

加权平均资本成本 = 0 × 10.47% + 8.03% × 21.66% + 6.41% × 13.00% + 4.95% × 28.88% + 10.64% × 25.99% = 6.77%。

说明：加权平均资本成本的用途之一是作为投资决策依据，如果项目投资的内部报酬率（这一内容会在第五章第四节中讲到）大于加权平均资本成本，则该项目具有可行性。这意味着，企业实际的赢利能力大于其筹资的成本，企业获取的利润在偿还债权人利息和分配给股东股利后，还有盈余。

■ 项目投资回报的估算——多大的回报

企业的投资总额确定了，融资方案和资本成本也确定了。企业接下来要考虑的问题是：企业投资这个项目能够获得多大的回报。也就是比较项目的成本和收益，权衡这个项目是否值得企业进行投资。

我们在这里必须要引入一个新的概念——内部报酬率，通过比较内部报酬率和实际的资本成本，企业就能够得出是否进行投资的经济决策。

计算内部报酬率

内部报酬率是指能够使未来现金流入量现值等于未来现金流

出量现值的折现率，也就是使投资项目净现值为零的折现率。

其中，净现值是指项目未来现金流入的现值与未来现金流出的现值之间的差额。

计算内部报酬率，通常可以采用逐步测试法或者内插法。

1. 逐步测试法具体的步骤

首先，估计一个折现率，并计算项目的净现值。

其次，进行测试。如果净现值为正数，说明这个项目本身的报酬率高于它的折现率，我们应该提高折现率再进行测试；如果净现值为负数，说明项目本身的报酬率低于它的折现率，我们就应该降低折现率再进行测试。

最后，经过反复测试，测试出的最接近零的那个折现率，就是我们所要求的内部报酬率。

2. 内插法的计算公式

$$内部报酬率 = r_1 + (r_2 - r_1) \times \frac{NPV_1}{NPV_1 + |NPV_2|}$$

在这个公式中，r_1 表示较低的试算折现率，NPV_1 表示与 r_1 对应的净现值；r_2 表示较高的试算折现率，NPV_2 表示与 r_2 对应的净现值。

其实，对于项目投资分析的指标还有净现值、净现值率、投资回收期和投资利润率等,我们在这里只介绍内部报酬率这一种指标。

做出投资决策

决策依据:

如果内部报酬率高于项目的资本成本,说明企业的投资会获得一个比成本高的收益,还说明这个项目在经济上是可行的,那么,企业应予以投资;反之,如果内部报酬率低于项目的资本成本,就说明这个项目会给企业带来亏损,因而企业应予以拒绝。

我们仍然沿用表 5-5 中的内容。企业未来 6 年的经营状况如表 5-6 所示,我们计算一下该项目的内部报酬率,并进行决策和判断。

表 5-6 企业经营状况表

单位:万元

序号	项目	1	2	3	4	5	6
1	年销售收入	50 400.00	51 500.00	54 600.00	58 400.00	61 200.00	63 400.00
2	年经营成本	21 800.00	23 400.00	25 600.00	28 200.00	29 000.00	31 100.00

首先,将建设项目的资金投入、收益及成本情况汇总到表 5-7 中。

表 5-7 建设项目资金投入、收益及成本表

单位：万元

项目	0	1	2	3	4	5	6
建设投资	−138 500.00						
年销售收入		50 400.00	51 500.00	54 600.00	58 400.00	61 200.00	63 400.00
年经营成本		21 800.00	23 400.00	25 600.00	28 200.00	29 000.00	31 100.00
年利润总额		28 600.00	28 100.00	29 000.00	30 200.00	32 200.00	32 300.00

其次，根据所给资料，计算建设项目的内部报酬率。

比如，我们选定一个 7% 的折现率，计算建设项目的净现值，如表 5-8 所示。

表 5-8 净现值求算表（一）

单位：万元

项目	0	1	2	3	4	5	6
建设投资	−138 500.00						
年利润总额		28 600.00	28 100.00	29 000.00	30 200.00	32 200.00	32 300.00
现值系数（7%）		0.9346	0.8734	0.8163	0.7629	0.713	0.6663
	−138 500.00	26 729.56	24 542.54	23 672.70	23 039.58	22 958.60	21 521.49

净现值（7%）= –138500 + 26729.56 + 24542.54 + 23672.70 + 23039.58 + 22958.60 + 21521.49 = 3964.47（万元）。

净现值为正，应提高折现率再进行测试，选定折现率为 8%，计算过程如表 5-9 所示。

表 5-9 净现值求算表（二）

单位：万元

项目	0	1	2	3	4	5	6
建设投资	–138 500.00						
年利润总额		28 600.00	28 100.00	29 000.00	30 200.00	32 200.00	32 300.00
现值系数（8%）		0.9259	0.8573	0.7938	0.735	0.6806	0.6302
	–138 500.00	26 480.74	24 090.13	23 020.20	22 197.00	21 915.32	20 355.46

净现值（8%）= –138500 + 26480.74 + 24090.13 + 23020.20 + 22197 + 21915.32 + 20355.46 = –441.15（万元）。

根据内插法的计算公式，计算内部报酬率，则

$$内部报酬率 = 7\% + (8\% - 7\%) \times \frac{3964.47}{3964.47 + |-441.15|} \times 100\% = 7.90\%$$

最后，与筹资成本 7% 比较。

经过测算，我们计算出企业的加权平均资本成本为 7.32%，企业的内部报酬率大于加权平均资本成本，说明该项目可行。

本章小结

1. 资本预算主要针对企业的长期项目投资。
2. 资本预算的主要步骤为：

   第一，估算项目投资总额；第二，估算项目期间的现金流量；第三，估计项目的风险情况，确定资本成本；第四，估算投资项目的净现值、投资回收期、投资回收率等指标；第五，根据企业的情况进行决策；第六，安排项目投资所需的资金。
3. 企业制定融资方案，一是要有明确的资金来源，二是要选择合适的融资方式，三是要制订可行的融资计划。

第六章

财务预算：企业未来生存状态的规划

人的一生其实就是做报表的一生，企业的一生也是做报表的一生。资产负债表、利润表、现金流量表，蕴藏着漫漫长路中简朴、致用的大道理。

第六章 | 财务预算：企业未来生存状态的规划

■ 预计资产负债表——多大的"盘子"，什么结构

对于一个企业，资产负债表反映的是企业各项资产及负债的情况，它是一个点指标，反映的是截至月末、年末等时间点，企业资产负债的情况。随着经营项目的流动和变化，资产和负债的各个项目都会发生变动。

如果是变得越来越好，那是好事。

如果是变得越来越差，那就很糟糕。

企业编制预计的资产负债表，就是要看看这个变动是好是坏。

例如表 6-1 所示的预计资产负债表。

表 6-1 预计资产负债表

单位：元

资产	金额	负债及权益	金额
流动资产		流动负债	
现金	823 857.75	短期借款	0.00
应收账款	800 000.00	应付账款	210 000.00
材料库存	420 000.00	应付税金	267 602.75
产品库存	180 531.00	流动负债合计	477 602.75
流动资产合计	2 224 388.75	长期借款	200 000.00
长期资产		负债合计	677 602.75
固定资产	1 000 000.00		
减：累计折旧	300 000.00	股东权益	
固定资产净值	700 000.00	股本	1 000 000.00
在建工程	500 000.00	资本公积	
无形资产	200 000.00	留存收益	1 946 786.00
长期资产合计	1 400 000.00	权益合计	2 946 786.00
资产总计	3 624 388.75	负债及权益合计	3 624 388.75

数据来源

1. 现金

现金的数据来源于现金预算，为第四季度现金的余额，此处的现金包括库存现金和银行存款。

2. 应收账款

应收账款的数据来源于销售预算。我们在做业务预算的时候，根据相应的销售政策可以计算出期末预计的应收账款。

3. 材料库存

材料库存的数据来源于采购预算。

$$期末材料库存成本 = 期末材料库存数量 \times 期末材料单价$$

4. 产品库存

产品库存的数据来源于生产预算与单位产品成本预算。

$$期末产品库存成本 = 期末产品库存数量 \times 单位生产成本$$

5. 固定资产、在建工程、无形资产

固定资产、在建工程、无形资产的数据为估计数据。企业在编制预算时，可以根据公司的实际业务情况填写。

6. 短期借款

短期借款本例题中没有假设数据，企业可以根据自己的实际情况填写。短期借款与长期借款的区别在于期间。通常情况下，短期借款为一年期的借款，长期借款是大于一年期的借款。

7. 应付税金

应付税金的数据表 6-1 中只考虑了第四季度末预计应支付的

企业所得税，并没有考虑流转税和其他的税金。企业在编制预算的时候，要根据自己的情况进行填写。

8. 长期借款

长期借款一般可以根据资本预算及企业上年度的资产负债表填写。表 6-1 中的长期借款为假设数据。

9. 股本

股本通常情况下为企业的注册资本，一般金额不会变动。除非增加或减少注册资本时，该金额才会变动。

10. 留存收益

留存收益的数据为企业去年留存收益金额加上本年留存收益增加额，反映企业累计未分配的利润金额。

预计资产负债表对管理的启示

1. 平衡企业的资产和负债之间的比率

资产负债表的构成源于一个简单的公式：

$$资产 = 负债 + 所有者权益$$

这个公式将公司资产进行了简单的划分。从资金的来源上看，企业所有的资金都是股东和债权人给予的，这些资金在后期的运作中变成了公司的资产，比如，现金、银行存款、存货、固定资产、在建工程、无形资产、应收账款等内容。

企业编制完预计的资产负债表后要对其结果进行简单的分析：

$$资产负债率 = 负债总额 \div 资产总额 \times 100\%$$

在表 6-1 中，资产负债率 =677602.75÷3624388.75×100%≈18.70%，该比率并不高，如果行业的资产负债率都是这个水平，那么也是合理的，如果该行业的资产负债率相对比较高，平均水平在 40% 左右，企业也可以适当地增加债务资金，增加杠杆效益。

但资产负债率一定不能过高，50% 是一道警戒线。

当资产负债率为 50% 的时候，意味着公司一半的资产都是债权，虽然企业可以用别人的钱赚钱，获取较高的杠杆收益，但财务风险也比较大，一旦不能偿还债务，就会面临破产的威胁。

所以，看资产负债表，首先要看的是资产负债率。

2. 提高资产管理效率

企业的资产管理效率从哪里看呢？从各项资产的周转率上看。

① 应收账款周转率

概念：应收账款周转率是销售收入与平均应收账款的比率。

表示形式：应收账款周转次数、应收账款周转天数、应收账款与收入比。

公式：

$$应收账款周转次数 = 销售收入 \div 平均应收账款$$

$$应收账款周转天数 = 365 \div 应收账款周转次数$$

$$应收账款与收入比 = 应收账款 \div 销售收入$$

含义：应收账款周转次数，表示应收账款一年中周转的次数，也可以表明1元应收账款投资支持的销售收入。

例如，企业应收账款的周转次数是6次，则表明企业1元应收账款能支持6元的销售收入。

应收账款周转天数，表明企业从销售开始到收回现金平均需要的天数。

例如，企业应收账款周转天数为60天，则表明企业从销售开始到收回现金平均需要60天。

应收账款与收入比，可以表明1元销售收入需要的应收账款投资。

例如，企业应收账款与收入比为16.67%，表示，100元的销售收入需要16.67元应收账款的投资。

②存货周转率

概念：存货周转率是销售收入与存货的比值。

表示方式：存货周转次数、存货周转天数、存货与收入比。

公式：

$$存货周转次数 = 销售收入 \div 存货$$

$$存货周转天数 = 365 \div 存货周转次数$$

$$存货与收入比 = 存货 \div 销售收入$$

含义：存货周转次数，表示存货一年中周转的次数，也表明1元的存货投资支持多少销售收入。

例如，企业存货周转次数为12，则表明存货一年周转12次，1元的存货支持12元的销售收入。

存货周转天数，表示存货采购、生产、销售的过程所需要的时间。

例如，企业存货周转天数为30天，表明企业从材料采购、加工产品到销售该产品需要的时间为30天。

存货与收入比，表明1元销售收入需要的存货投资。

例如，企业存货与收入比为8.33%，表明企业100元的销售收入需要8.33元的存货投资。

需要注意的是，在短期偿债能力分析中，为了评估资产的变现能力需要计量存货转换为现金的数量和时间，应采用销售收入。

在分解总资产周转率时，为了系统分析各项资产的周转情况并识别主要的影响因素，应统一使用销售收入计算周转率。

如果是为了评估存货管理的业绩，应当使用销售成本计算存货周转率，使其分子和分母保持一致。

③流动资产周转率

概念：流动资产周转率是销售收入与流动资产的比值。

表示方式：流动资产周转次数、流动资产周转天数、流动资产与收入比。

公式：

$$流动资产周转次数 = 销售收入 \div 流动资产$$

$$流动资产周转天数 = 365 \div 流动资产周转次数$$

$$流动资产与收入比 = 流动资产 \div 销售收入$$

含义：流动资产周转次数，是流动资产一年中周转的次数，也表明1元流动资产所支持的销售收入。

例如，企业流动资产的周转次数为4次，表明1元流动资产支持的销售收入是4元。

流动资产周转天数，表明流动资产周转一次所需要的时间，也就是期末流动资产转换成现金平均所需要的时间。

例如，企业流动资产周转天数为90天，则表明企业流动资产周转一次所需要的时间是90天，期末流动资产变成现金需要的时间为90天。

流动资产与收入比，表明1元收入所需要的流动资产投资额。通常情况下，流动资产中应收账款和存货占绝大部分，因此它们的周转状况对流动资产周转具有决定性影响。

例如，企业流动资产与收入比为25%，表明100元的销售收入需要25元的流动资产投资。

④总资产周转率

概念：总资产周转率是销售收入与总资产之间的比率。

表示方式：总资产周转次数、总资产周转天数、总资产与收入比。

公式：

$$总资产周转次数（率）= 销售收入 \div 总资产$$

$$总资产周转天数 = 365 \div （销售收入 \div 总资产）$$

$$= 365 \div 总资产周转次数$$

$$总资产与收入比 = 总资产 \div 销售收入$$

$$= 1 \div 总资产周转次数$$

含义：总资产周转次数表示总资产在一年中周转的次数，或者表示1元资产投资所产生的销售额，产生的销售额越多，说明资产的使用和管理效率越高。

例如，企业的总资产周转次数为2，表明1元总资产投资支持2元的销售收入。

总资产周转天数，表明总资产周转一次所需要的时间。时间越短，表明总资产的使用效率越高，赢利性越好。

例如，企业的总资产周转天数为180天，表明企业总资产周转一次需要180天，如果同行业的总资产周转天数为90天，则说明该企业总资产管理效率是比较低的。

总资产与收入比表示1元收入需要的总资产投资。总资产与收入比相同，需要的投资越少，说明总资产的盈利性越好，或者说总资产的使用效率越高。

例如，企业总资产与销售收入比为50%，则表明100元的销售收入，需要50元的总资产投资。

资产管理比率的指标还很多有，比如营运资本周转率、应付账款周转率等，企业可以根据资产负债表的项目算出很多周转率。问题是，算出来的指标如何应用及指导管理。

企业做预算，就是要将这一系列周转率的指标控制在合理的水平，判定其是否合理的参考标准：一是行业的平均指标，二是公司管理要求的标准。

其实，做预算，就是做标准。

■ 预计利润表——赚多少，怎么赚

利润是企业目标管理的重要指标之一，企业没有利润就没有创造现金流的核心动力。或者说,没有利润,企业也就没有存在的价值和意义。当然,非营利、以公益事业为主的企业就另当别论了。

有句话"商人言利,天经地义",从某种程度上讲,也不无道理。企业经营必须获取利润,如果不获取利润,是无法持续生存下去的,但不能为了获取利益而不择手段。

关于利润的预算,我们可以根据第六章第一节出现的案例内容进行归纳和整理,如表6-2所示。

表6-2 预计利润表

年度:××××年　　　　　　　　　　　　　　　　　　单位:元

项目	第一季度	第二季度	第三季度	第四季度	全年
销售收入	1 000 000.00	1 200 000.00	1 500 000.00	1 600 000.00	5 300 000.00
减:销售成本	277 740.00	333 288.00	416 610.00	444 384.00	1 472 022.00
单位生产成本	277.74	277.74	277.74	277.74	277.74
销售量	1 000.00	1 200.00	1 500.00	1 600.00	5 300.00
销售毛利	722 260.00	866 712.00	1 083 390.00	1 155 616.00	3 827 978.00
减:销售及管理费用	82 355.00	82 355.00	82 355.00	82 355.00	329 420.00
财务费用	1 000.00	1 000.00	1 000.00	2 850.00	5 850.00
营业利润	638 905.00	783 357.00	1 000 035.00	1 070 411.00	3 492 708.00
减:企业所得税	159 726.25	195 839.25	250 008.75	267 602.75	873 177.00
净利润	479 178.75	587 517.75	750 026.25	802 808.25	1 314 153.00
支付股利					2 619 531.00
留存收益增加					2 319 531.00

数据来源说明

1. 销售收入

销售收入来源于销售预算,是每季度预计的销售量乘以销售价格,是预计实现的销售收入,而不是当期收到的现金。

2. 销售成本

单位生产成本来源于生产成本预算,销售量来源于销售预算。两者相乘即为销售成本。

3. 销售毛利

销售毛利反映的是企业毛利的情况。
公式:

$$销售毛利 = 销售收入 - 销售成本$$

4. 销售及管理费用

销售及管理费用来源于销售及管理费用预算,是费用发生额,而不是费用支付现金额。在销售及管理费用中,有不需要支付现金的折旧、摊销等费用。

5. 财务费用

财务费用数据来源于资本预算,反映企业筹资的成本。在表

6-2 中，所使用的数据为估计数据，仅供大家参考，实际编制预算环节，要注意该数据的来源。

6. 营业利润

营业利润是企业所得税前利润。

公式：

营业利润 = 销售收入 − 销售成本 − 销售及管理费用 − 财务费用

举例中并没有涉及营业外收支、投资收益、其他业务利润情况，仅做了简单计算。如果企业有其他业务利润、营业外收支项目及投资收益的情况，需要在做预算的时候考虑周全。

7. 企业所得税

企业所得税是国家和企业就最后的赢利进行分配的税种。《中华人民共和国企业所得税法》(以下简称《企业所得税法》)规定，企业所得税的税率为25%，非居民企业符合《企业所得税法》第三条第三款规定的，适用税率为20%，符合条件的小型微利企业减按20%的税率征收企业所得税，国家重点扶持的高新技术企业减按15%的税率征收企业所得税。

公式：

企业所得税应纳税所得额＝收入总额－不征税收入－免税收入－抵扣项目－允许弥补的以前年度的亏损应纳税额＝应纳税所得额 × 适用税率－减免税额－抵免税额

上面的公式是企业进行汇算清缴的时候，使用的所得税计算方法。在做预算的时候，通常情况下只需做简单的估计即可。

8. 净利润

净利润是企业缴纳所得税后能用来分配股利的利润。

公式：

净利润＝营业利润－所得税

9. 留存收益

留存收益是企业所赚取的利润分配给股东后留在企业的收益。

公式：

留存收益＝净利润－支付股利

利润预算表对管理的启示

1. 利润并不等于钱

在做预算的时候，很少有企业会把预算做到亏损，但实际

第六章 财务预算：企业未来生存状态的规划

上亏损的情况无时不在。即便预算是赢利的，并且市场情况也很好，但那也只是预期。企业一定要明白：预算中的利润并不等于钱，重点还是要看实际业绩。

一个农民有一个儿子，父子俩去种地，儿子对父亲说："爸爸，我们今年种这么多麦子，秋天就能卖好多钱，买很多东西了。"父亲对儿子说："才开始播种，距离丰收还早呢。"

过了一段时间，麦子长出来了，绿油油的，儿子非常高兴，对爸爸说："爸爸，麦子长得这么好，今年一定丰收。"爸爸对儿子说："距离丰收还早呢。"

儿子每天去看地里的麦子，麦子长得非常好，看着麦子，儿子很开心。

夏天到了，开始收割了，父子俩在地里忙活得不亦乐乎。儿子高兴地对爸爸说："爸爸我们丰收了。"爸爸依旧说："现在还不算丰收。"

父子俩把麦子收回家，开始磨面，打算做面条吃。

面粉磨好了，面条也下锅了。面条煮熟后，儿子开开心心地捞起面条，大声地问道："爸爸，这回我们是丰收了吧？"就在儿子端着面条兴高采烈地往屋里走的时候，被门槛绊了一下，一盆的面条都洒在了地上。

> 看着满地的面条和面汤，儿子终于明白什么叫丰收了。

对于企业来说，企业的丰收，是要把利润变成钱。

2. 关注单位生产成本的计算方式

从上面的表格及讲解中，我们知道了销售成本等于单位生产成本乘以销售数量，每销售一件产品，就需要计算相应的销售成本。

如果企业的生产成本核算不准，计算的毛利就不准。

反过来，如果企业不赢利，就一定要分析单位生产成本的计算方式是否正确，尤其是在企业生产的产品品种多、工艺流程复杂的情形下，就更需要关注单位生产成本的计算。

有条件的企业最好采取作业成本法对产品的成本进行分配。因为，作业成本法的基本原理是消耗多少分配多少，比较符合成本的构成。

3. 纳税筹划要提前做

企业的纳税筹划是一项系统性的工程，如果业务单据已经入账，那么再想调整就会非常困难。企业必须合理利用国家给予的税收政策，按规定申请优惠条件审批，将来才不会有风险。

第六章 | 财务预算：企业未来生存状态的规划

在做预算的时候，税金是可以根据企业的经营情况提前预计出来的。所以，企业也需要做好正常纳税的准备。

4. 将利润表分解

凡事都怕刨根问底，当你打破砂锅问到底的时候，答案就清楚了，而管理也必须有这样的精神。

不怕不赚钱，就怕不知道为什么不赚钱。

某航空公司曾经处于巨额亏损的状态，公司经营困难。公司为了扭亏为盈，对公司进行大刀阔斧的改革。

首先，他们要清楚地知道哪条航线赚钱，哪条航线不赚钱。为此，公司为每条航线都做了一张利润表。结果显示：这家航空公司在国内有100余条航线，但只有4条是赢利的。

其次，他们与当地的低成本航空公司达成协议，实现国内航空网络共享，并对员工进行适当裁员，减少了人力成本，也进一步提高了员工的工作效率。

砍掉不赚钱的航线，想办法在赚钱的航线上再多赚些钱。不做不赚钱的事情，只做赚钱的事情。经过改革，这家航空公司一举扭亏为盈，从而焕发了活力。

预计现金流量表——有多少钱，哪来的钱

对于一个企业来说，有钱是不是就意味着很富有呢？当然不是，对于一个人和一家企业来说，富有不是仅仅有钱，真正的富有是能给予。

能给予别人钱，证明他不仅有钱，而且他拥有的资产一定比这部分钱多得多。试想一家企业捐献了10亿元，那么前提一定是企业拥有多于10亿元的资产甚至多于100亿元的资产。

在这里，我们沿用第六章第一节案例的部分数据，对现金预算进行简单的编制和分析，如表6-3所示。

表6-3　现金预算表

年度：××××年　　　　　　　　　　　　　　　　　　　　单位：元

项目	第一季度	第二季度	第三季度	第四季度	全年
期初现金余额	10 000.00	11 173.75	385 414.50	823 857.75	10 000.00
经营现金收入	700 000.00	1 100 000.00	1 350 000.00	1 550 000.00	4 700 000.00
可运用现金合计	710 000.00	1 111 173.75	1 735 414.50	2 373 857.75	5 523 857.75
经营现金支出					
直接材料采购	344 000.00	300 000.00	348 000.00	366 000.00	1 358 000.00
直接人工支出	16 500.00	19 500.00	24 000.00	25 500.00	60 750.00
制造费用支出	23 400.00	23 400.00	23 400.00	23 400.00	93 600.00
销售及管理费用	69 855.00	69 855.00	69 855.00	69 855.00	279 420.00

（续表）

项目	第一季度	第二季度	第三季度	第四季度	全年
支付流转税	35 000.00	35 000.00	35 000.00	35 000.00	140 000.00
预交所得税	159 726.25	195 839.25	250 008.75	267 602.75	873 177.00
分配股利				300 000.00	300 000.00
投资现金支出	50 000.00	40 000.00	70 000.00	80 000.00	240 000.00
现金支出合计	698 481.25	683 594.25	820 263.75	1 167 357.75	3 344 947.00
现金余额	11 518.75	427 579.50	915 150.75	1 206 500.00	2 178 910.75

数据来源说明

1. 期初现金余额

第一季度的期初现额就是资产负债表上一年度年末的余额，第二季度的期初金额就是第三季度的期末金额。

年度的期初金额也是资产负债表上一年度的期末金额，与第一季度的期初金额一致，而年度期末金额与第四季度期末金额一致。

2. 经营现金收入

经营现金的收入来源于销售预算，但当期的现金收入并不等于销售收入，因为当期收回的钱中可能有一部分是前期的应收账款，而当期的销售收入有现金销售，也可能有赊销。

3. 可用现金合计

可用现金合计＝期初现金余额＋经营现金收入

对于一个靠日常经营收入过日子的企业来说，其主要资金来源就是这两种方式，当然有的企业没有正常的现金收入，靠拆东墙补西墙维持，那就另当别论了。

4. 直接材料采购

直接材料采购支出来源于采购预算，需要注意的是采购金额不是支付金额，因为在实际工作中，采购有分期付款的现象，而当期付款也有支付前期货款的情况。

5. 直接人工支出

直接人工支出来源于直接人工预算，因为通常情况下，工资每月都会发放，所以一般工资预算的数额就是现金支出的数额。

6. 制造费用支出

制造费用支出来源于制造费用预算，需要注意的是，制造费用中有不需要支付现金的内容，如车间的折旧。

7. 销售及管理费用

销售及管理费用数据来源于销售及管理费用预算，该数据只包括费用预算中需要支付现金的部分，不需要支付现金的部分不予计入。

8. 支付流转税

企业支付的流转税是根据其销售情况预计的，通常为增值税、营业税、城建税及教育费附加。表6-3中，流转税为估计数据，仅供大家预算做参考，但企业实际做预算的时候，一定不要忽视流转税的支出，并根据企业的实际缴纳税种及税率进行预计。

9. 预交所得税

企业的所得税缴纳的方式是每个季度根据赢利情况预缴，年终再进行汇算清缴。本例题中，假定所得税率为25%，企业所得税的预计值来源于预计的利润表。

10. 分配股利

企业是否分配股利，依据其股利分配政策而定。本例题中，假设企业年终分配股利30万元。

11. 投资现金支出

企业投资现金支出的数据来源于资本预算。需要说明的是，本例题的资本预算是估计数。

12. 现金支出合计

现金支出合计反映的是企业经营与资本方面支出的总金额。

13. 现金余额

现金余额 = 可用现金合计 – 现金支出合计

现金余额反映的是企业现金收入减去现金支出的余额。

现金预算对管理的启示

1. 确定最佳现金余额

现金的购买力是最强的，但赢利能力是最弱的。所以很多企业不愿意看到账户上有过多的现金，但企业也必须保持一定的现金余额，以应对日常的开支和不时之需。

对于现金的管理通常有三种成本。

一是机会成本，它是因为持有现金而不能进行投资所丧失的投资收益。通常情况下，现金持有量越高，机会成本越高。

例如，企业的现金存量为1000万元，如果进行投资，其投资收益为年5%，则企业持有现金的机会成本是50万元。

二是管理成本，它是因为管理现金而发生的成本。例如，员工的工资、账户的使用费、保险柜的费用等，通常为固定成本，并且它不随着现金持有量的变化而变化。

三是短缺成本，它是因为现金持有量不足给企业带来的损失，也就是资金链断裂成本。

最经典的案例要数"巨人集团"了。当时正是因为巨人集团的资金链断裂,造成短时间内几亿元的资金短缺,在投资者中产生巨大恐慌,大小股东纷纷要求撤资。"巨人大厦"轰然倒塌。

企业管理现金就是将管理现金的成本降到最低,即机会成本+管理成本+短缺成本的总和最小。

2. 销售收入的跟踪管理

预算的现金收入毕竟是预算的收入,企业如何在实际管理中把预算变成现实,尽快地变收入为现金才是最重要的。

3. 采购付款的进度安排

采购付款审批最好按照预算的进度支付,否则由于企业的资金也是有限的,如果收入不能及时回收,资金就不免紧张。

4. 成本费用的控制管理

预算的成本定额和费用标准是衡量企业成本管理水平的重要依据,也是衡量企业成本管理水平的重要标准。

5. 现金余额的管理

企业每季度预算的现金余额有时会低于现金的最低余额,这个时候是比较危险的,因为账面的现金不足以应付日常的开支。当现金不足的时候,企业需要有方法和渠道来及时补充现金。

6. 税金的筹划和管理

企业做预算的时候税金也是主要的支出项目，有些企业会采取一些办法尽量减少纳税金额。的确，从自己的口袋里拿钱谁都不情愿，但问题是，税是必须交的。换个角度想，你缴纳的税多，也证明你赚得多。

本章小结

1. 资产负债表反映了企业各项资产及负债的情况。其数据来源主要有：现金、应收账款、材料库存、产品库存、固定资产、在建工程、无形资产、短期借款、应付税金、长期借款、股本、存留收益等。

2. 预计利润表数据来源主要有：销售收入、销售成本、销售毛利、销售及管理费用、财务费用、营业利润、所得税、净利润、存留收益等。

3. 预计现金流量表的数据来源主要有：现金的期初余额、经营现金收入、可用现金合计、直接材料采购、直接人工支出、制造费用支出、销售及管理费用、支付流转税、交所得税、分配股利、投资现金支出、现金支出合计、现金余额。

第三部分
如何把预算做得更好

第七章

预算的保证体系:如何让预算不脱轨

俗话说,"外行看热闹,内行看门道"。能审、能查的人一定要是个行家,能审、能查的部门一定是一个权威部门。预算不怕做得不好,就怕审得不合格。

第七章 预算的保证体系：如何让预算不脱轨

■ 预算的审核——谁来审，审什么

预算的编制是一项系统性的工程。在编制的过程中，假设的条件很多，主观性的内容也很多，为了保证预算编制的可靠性，在预算编制完之后，必须进行审核。

审核需要明确两项内容：

一是谁来审，即审核的部门；二是审什么，即审核的内容。

审核部门

如果企业的规模比较大，可以成立预算管理委员会；如果企业的规模比较小，可以成立预算主管部门，对预算进行审核。

无论成立什么样的组织结构，要求是必须有对预算审核负责的部门及人员。审核不能形同虚设。

在这里主要介绍一下预算管理委员会。

1. 预算管理委员会的成员

预算管理委员会是预算的决策部门，必须由公司的最高领导担任负责人。

预算管理委员会的成员由各个部门的主要领导组成，包括财务、采购、生产、销售、技术、人事等部门的领导。

预算管理委员会的常务委员可以由财务总监担任，其他成员可以根据工作的情况和具体需要安排人员担任。

预算管理委员会的成员可以是专职的，也可以是挂职的，具体情况根据公司管理的需求确定。

2. 预算管理委员会的职责

①根据董事会确定的经营目标来确定预算目标

预算目标的确定包括利润指标、收入指标、成本控制目标、费用定额、投资回报率、安全生产系数等内容。

②确定预算编制的方法、预算编制的流程

预算编制方法的选择根据企业的具体情况和具体的费用项目而定，如，企业是选择弹性预算还是固定预算，增量预算还是零基预算，定期预算还是滚动预算；预算编制采取从下而上，还是从上而下，还是上下结合的形式。

③审核预算后，正式下达预算文件

预算文件是公司非常正式的文件，是企业日常工作的规范性和指导性文件，不能把它当成一个简单的表格。

④根据管理的需要，调整、修订已经编制的预算

当编制预算的假设条件和管理的环境发生重大变化时，企业可以调整预算，配合管理需求的变化。

⑤协调预算执行中的矛盾

在预算编制的过程中，各部门之间一定会有摩擦，会有分歧，尤其是涉及责任的时候。

有个故事很有趣：产品质量不合格，被客户退回来了，销售说生产有问题，生产说采购的材料有问题，采购说财务让买便宜的，财务说老板要节约成本。

那么到底问题出在哪里呢？出在预算前没定好价格和质量，大家没把责任和义务谈清楚。

⑥根据预算执行的情况进行分析，制定奖惩制度及解决方案

预算需要同考核结合起来。预算是目标，实际工作业绩是基础，奖惩制度是预算和考核的辅助工具。

3. 预算管理委员会的具体工作内容

确定企业编制定期预算还是滚动预算；

确定各部门预算的收入和支出项目；

明确预算分类项目所包含的具体内容；

选择预算编制方法；

预算表格格式和内容设计；

确定预算所使用的假设条件；

确定预算所使用的编码；

审核各部门预算编制内容是否符合公司整体经营目标；

审核各部门预算编制的数据是否真实、可行；

就预算编制的内容，向各部门提出问题；

预测经营中可能出现的风险，提出风险应对方案；

汇总各个部门编制的预算，编制财务预算；

协调预算编制及汇总过程中出现的各种问题。

如果预算编制过程中出现重大问题，影响预期的编制，预算管理委员会应对各部门给予明确的指导，或召集预算管理委员会成员集体讨论解决方案。必要时，可以修改原定的预算方案。

审核内容

1. 预算的编制是否符合公司要求

审核要怎么开展呢？一定是看看预算编制是否符合公司的要求。同时，审核的过程也是各主管部门进行自我评价、自我分析的过程。

2. 预算编制是否过高或过低

这就体现在预算的数据是否靠谱、是否具有可行性上。

每个人都会先从自己的角度去考虑问题，尤其在做预算的时候，自己很难完成的任务就会少报些，能给自己带来更多利益的项目就会多报些。所以，预算编制时的客观性是评价预算质量的关键。

3. 预算编制的依据

各个部门预算编制的依据，一是公司的预算编制文件，二是部门的工作计划。

例如，销售部门的预算编制依据，是公司预算文件中有关销售部门的指标、假设条件等表格。部门做预算的过程也是和部门工作计划相结合的过程。

企业可以用预算指导工作计划，也可以依据工作计划编制具体的预算内容。

4. 详细说明表

这是一个涉及审批权限的问题。

如果部门申报的费用预算中有较大金额的开支，则必须填写说明表，并详细写明该费用的用途及方案。

例如，销售部门今年广告费用的预算增加2000万元，则该笔预算必须有详细的营销方案。生产部门今年预算中增加20万元的培训费用，该笔支出也不是小数目，因此也必须附有详细的培训方案。

5. 预算金额变动较大的项目

变动金额较大的部分是审核的重点对象，有变动一定有原因。审核的重点不是变动本身，而是变动的原因。

6. 重点看支出的合理性

审核预算不是一味地做减法，成本是一种付出，没有付出当然就没有回报。企业要衡量的是付出和回报之间的合理性。

对财和对物的管理，基本思路是衡量投入和产出之间的关系。

财务管理管的不仅仅是钱，还有对钱的态度，它是一个理性的价值管理和一个感性的期望值相结合的管理。它最终要平衡的矛盾是一个"值不值"，这个"值不值"也不是一个结论，它是一种感受，是藏在每个人心中最复杂的感受。

做预算、审预算就是提前算算投入多少、回报多少，然后企业对这个预计的结果进行平衡。

■ 预算的组织实施——怎么保证实施到位

预算审核结束后，接下来的工作就是预算的执行。为什么很多工作在实施的过程中执行不到位呢？

其实，原因有两个。

第一，监督没有力度。

企业在管理上必须有完善的监督措施。人都是有惰性的，而最好的药方就是给予适当的压力和必要的监督。

需要注意的是，压力不能太大，人的承受能力是有限的，压力太大，会把人压垮。而监督也不是不信任，监督是友好的督促、必要的提醒。

第二，公司缺乏对员工责任意识的培养。

我们的前辈们是明智的，以前的教育不是先教孩子技能，而是先教他如何做人。

一个人能把人做好，自然就会把人应该做的事做好，所以，要培养员工的责任意识，是培养、引导，而不是一味地要求。一味要求有时会起到相反的作用，这是因为人人都渴望自主，渴望自由。

所以，企业要想尽办法调动员工的积极性，让员工从心里认可预算。所以，我们才在前文讲到，预算是大家的事情，预算最好让员工自己做。

在预算组织实施的过程中，必须要做的事情有以下几点。

将目标层层分解

<案例> 北京有一家公司的老板，他们公司全员搞销售，就连财务部也有销售任务。有一次我去给他当财务顾问，

> 他还跟我说:"汤老师,可以给你分几个任务吗?帮我卖一点产品吧。"我说:"你们这儿所有人都有销售任务吗?"他说是。我说我不算你的员工,那还要分一点吗?他说他不会强加给我,但是如果能帮他卖,就帮忙卖一点吧。听他这么说,我也不太好意思拒绝。所以,逢人我也替他的产品做宣传。
>
> 这个老板非常精明,后来我就跟他的财务经理聊天。他的财务经理跟我说,他们财务部是各个部门中完成任务最快的(除了销售部),他们用这种方式为企业增加的销售量每年就有几百万元。

企业的目标确定后,就需要将目标层层分解。工作内容方面,具体分解到每个公司、每个部门、每个员工,而时间方面尽量要分解到每年、每月、每天。

分解后的预算目标,就是每个人的日常工作计划。可不要小看了每一天的工作计划,没有每一天的兢兢业业,就没有一年的成绩斐然。

充分调动员工的积极性

企业的目标需要和员工的目标相统一。如果企业的目标和员工的目标不一致，那么情况就变成了老板做老板的事情，员工做员工的事情，老板很累，员工也很累。在这种情况下，企业一定发展不起来。

老板会抱怨说："现在他们工资也够多，我倒像是在给员工打工了。"

员工也会抱怨说："他什么都有了，我还什么都没有呢，每天还要累死累活地给他卖命。"

所以，老板和员工的奋斗目标一定要努力地统一——企业发展，员工也要跟着发展，企业有效率，员工也要有效率。

关于激励的问题我们在前文讲过，不能单靠物质方面的激励。物质激励固然重要，但精神激励同样重要。因为每个员工身上，物质和精神两方面的追求是统一并存的，双管齐下才能达到最好的效果。

坚持收支两条线

企业必须坚持收支两条线，这样做有两点好处。

1. 管理清晰

采取收支两条线，财务的账和销售的账就不会核对不清。支出也能和支出预算相核对，不会因为有收入的项目而混淆。

2. 不容易产生漏洞

收入全部计入收入的账户，企业收到的资金数如果与销售收入核对不上，就能及时发现。如果企业采取坐收坐支的方式，需要月底核对账目时才能发现问题。

盯紧现金流

现金流是企业的血液。企业赚来赚去，其实要赚的就是现金流。预算管理的过程也是对现金流进行管理的过程。

如果雷曼兄弟公司对现金流管理得好，能破产吗？如果德隆公司不是在玩现金流游戏，公司能倒闭吗？

俗话讲，一分钱难倒英雄汉，经营企业就是在经营钱。

而有些企业，有了一点资金就开始四处投资，结果投来投去，把自己投进去了。

■ 预算执行的监控——没有监督，再好的制度也没用

如何才能让企业更有序地运行？

如何才能把预算落实在日常工作中？

如何才能让预算成为日常工作的指导？

这对企业的管理水平是一项考验,想完成上述任务,需要从落实日常的基础工作开始。

定制度,并坚定不移地执行

公司必须要有制度,制度是工作的准则、行为的规范。大家都知道麦当劳的每套操作手册堆起来有一人多高,每个岗位该做什么,都规定得非常详细和清楚。

企业的制度不能只是摆设,如果制度成了摆设,就会对员工缺乏必要的约束力,即使是再好的预算都没法真正执行下去,因为预算也是总制度的组成部分。

明确财务核算流程及制度

财务核算流程及制度是企业信息资料来源的基础。

财务核算流程不清楚、制度不健全,成本的分摊、费用的分配就不准确,各个部门之间实际发生成本及费用的金额就无法明确。

不做考核的时候可能看不出来这些问题,真正到了算绩效奖金和做经营分析的时候,各个部门就会和财务部发生矛盾。比如,生产部门觉得成本应该没有那么高,财务部门算的结果和技术部门算的结果不一致，销售觉得收入挺多的，事实却不尽如人意等。

问题形成的原因在于，财务部门没有梳理好核算流程，没有完善好核算制度，并且没有与公司各部门进行有效的沟通。

财务应该是企业的公共语言，但对于很多专业术语，各个部门的负责人，甚至有些老板都搞不清楚。从这个角度讲，公司要对公司所有部门的员工进行简单的财务培训。

另外，相关原始凭证必须保存完整。只要有了凭证，谁签的字、谁审批的、谁发的货、谁签的合同，就一目了然了。

发挥预算管理委员会的职能

预算管理委员在整个预算编制、审核、执行、监督的过程中扮演着重要的角色。

管理是一种要求，预算管理委员要学会要求下面做预算，在要求的同时，也要能引导和监督预算的执行。

预算管理委员会是预算的总控部门，如果控制失效，预算就极有可能失效。

预算管理委员会的定位通常有两种类型：一是单纯的智囊议事机构（见表7–1），二是有决策权限的机构（见表7–2）。

第七章 | 预算的保证体系：如何让预算不脱轨

表 7-1 单纯的智囊议事机构的职能

职能	单纯的智囊议事机构
1	审议有关利润与绩效之间的分配政策、规定及制度
2	组织企业有关部门或聘请有关专家对目标利润的可行性进行判断
3	审议目标利润、预算编制的方法及程序
4	审核预算方案及各部门编制的预算草案，提出必要的建议
5	在预算编制和执行过程中，对集团与公司、公司与各部门以及部门与部门之间发生的分歧进行协调
6	为了预算管理方案的有效实施，对各部门进行培训与讲解
7	将审查过的预算提交董事会审批，董事会审批通过后，下达正式预算文件
8	汇总各期预算与实际比较的差异分析报表，分析差异原因，并提出改善的措施
9	根据管理需要，就预算的修正、调整进行审议并做出决定
10	对全面预算管理过程中出现的矛盾及问题进行协调

表 7-2 有决策权限的机构职能

职能	有决策权限的机构
1	提出总公司年度预算总目标、预算编制要求及编制方法，报董事会审批
2	审核总公司资本性投资与项目预算的可行性
3	审议总公司及子公司的年度总预算，并报董事会审批
4	针对预算组织、规划、控制的工作提出改进意见
5	协调、裁定总公司预算与实际工作中的重大冲突事件
6	审批预算工作组审议提交的预算调整及修正方案
7	听取预算工作组关于预算编制、执行、分析的报告，并发表意见
8	审议预算工作组提出的预算奖惩办法及具体执行方案，并报董事会批准

把好权力这道关

权力是非常诱人的,为了权力儿子杀害父亲,兄弟之间互相残杀。古往今来的帝王世家为我们上演了一幕幕的人间悲剧。

所以,相较而言,公司里权力斗争的那点事儿也不足为道了,都算是小事。在工作中为了这些小事不开心的人,多想想皇帝那个复杂的家庭,就会宽慰多了。

说笑归说笑,在实际工作中权力的问题还是不容忽视的,尤其是在预算审批的过程中。

在预算审批中,预算内的收支,只要年度预算通过的内容,在审批时就以预算为指导;预算外的收支,需要特殊申请,依据公司的相关规定,请示有权力的领导进行审核,才能执行。

监控好资金的流向

企业对资金流向的监控还要从最基本的收支两条线开始。

企业的收入账号要统一,每天将账号上收到的资金与销售部门核对,核对这笔资金是当期的销售收入还是以前的应收账款。

企业的支出账号只负责支出,企业根据预算的支出金额,定期从收入账号向支出账号划转资金。企业核对支出金额,只需要核对支出单据即可,月底与预算金额进行对比分析。

往来资金是最不好监控的，尤其对于集团企业，子公司比较多，再加上一些历史遗留问题，核对起来会比较困难。

> **本章小结**
>
> 1. 预算审核必须要明确两项内容：审核部门、审核内容。
> 2. 在预算执行阶段，企业要做到：分解目标、调动员工积极性、坚持收支两条线、管理好现金流。
> 3. 在预算执行的过程中，必须要有监督。

第八章

**预算的调整、分析及考核:
在做的过程中完善自我**

这个世界上不存在十全十美的事情，生活中总是有很多不如意，预算也不例外。企业能做的不是逃避也不是谴责，而是学会接受，并在管理的过程中逐步地调整、分析和完善。

第八章 | 预算的调整、分析及考核：在做的过程中完善自我

■ 预算调整的原则——以不变应万变

车轮可以飞速地旋转，有一个原因很重要，就是它有一个不变的圆心，而且这个圆心是空的。

释迦牟尼佛有一个大弟子叫舍利弗，他有非常高超的智慧，是释迦牟尼佛众多弟子中最有智慧的。有人就问释迦牟尼佛，为什么舍利弗那么聪明。释迦牟尼佛说，你看见鼓了吗？那个人说，看见了。释迦牟尼佛问那个人，鼓是不是被敲就会响。那个人说，是的。释迦牟尼佛接着说，鼓之所以会响，是因为鼓心是空的，里面什么都没有。

这是一个很有趣的故事。佛家讲的空，是很难理解的内容。《般若波罗蜜心经》里面也有句话："色不异空，空不异色；色即是空，空即是色。""色"在这里不是色情的意思，而是物质的意

思。当站在更高的角度看问题时，你会发现，这句话很有道理。

当你伫立在虚空之中的时候，地球只是一粒尘埃。虚空不空，空中有物质，这是"空不异色"。

当你站在地球上仰望星空的时候，地球本身也在空中，这是"色不异空"。

空就是色，色也是空，空和色本来就是一个整体。

那这和我们做预算有什么关系呢？

当然有关系。做预算是为了以不变应万变，是为了在企业每天飞速旋转的轮子上做一个空心的圆。市场总是在变化的，而且很多时候是不以我们的意志为转移的。所以，企业管理也要变——与时俱进。只是"变"也需要有变的条件和原则。

预算调整的条件

当市场环境、经营条件、政策法规等条件发生重大变化，致使财务预算的编制基础不成立，或者导致财务预算执行结果产生重大偏差的时候，预算就可以进行调整。有的企业会根据情况半年调整一次预算。

1. 市场环境

市场环境是指影响产品生产和销售的外部因素，包括人口、经济、政治、科技、文化等内容。

北京市对汽车的限购就是典型的政治因素发生变化。几年前，我去参加一个论坛，论坛上有一家即将开业的4S店，他们的财务总监就提出了预算的问题。她的疑虑是，店面还在装修，限购令刚出，不知道明年的预算该如何做。其实，这不是财务总监能决定的问题。这个问题是战略的问题，首先要看老板的意思——店要不要做了。其次看营销战略的问题，在限购的环境下，如何实现销售目标。财务总监要做的是，先算算需要卖多少辆车，增加哪些收入，才能保证企业不赔钱。

2. 经营条件

经营条件是指保证企业持续经营的条件和能力。

每一家企业都渴望有持续、稳定的经营条件和环境，从而保证企业的平稳发展和运行。然而，市场环境等外部条件不断发生变化，企业的经营环境也会发生改变，企业必须要做出调整。特别是近三年的新冠肺炎疫情，以及洪水、暴雨等各种自然灾害频发，使得企业的正常经营面临更大的挑战，也对企业提出了更高的要求。面对这些变化，企业要对自己的预算进行调整。

3. 政策法规

政策法规是党政机关制定的关于处理党内和政府事务工作的文件，一般包括中共中央、国务院及其部门制定的规定、办法、准则以及行业的规范和条例规章等。

政策法规对企业的影响主要是经营的批准与否，经营政策的优惠与否。例如，现在国家已经不允许上大型污染的重工业项目，如果企业正在申请该类项目，就需要慎重考虑了。

目前，国家更倾向于新技术、新工艺等项目，也给予企业一定的政策鼓励及税收优惠条件。

预算调整的原则

1. 不偏离企业的发展战略和年度预算目标

预算是为战略服务的，预算目标是企业必须实现的一个目标，如果偏离目标，做预算就没有意义了。而且除非战略调整，否则预算的目标一般不予调整。

2. 能够在经济上实现优化

预算的调整是为了应对变化，尽量减少公司的损失，为公司争取最大的获利空间。如果调整之后的收益还不如调整之前的，那还不如不调整。

3. 重点调整执行中重要的、不符合常规的内容

预算编制是一项系统性工程，调整也是如此。一个数据变动，所有的数据都会跟着变动。除非是不得已，才会调整日常的经营项目。

如果企业的预算总是在调整正常的内容，那也是非常可怕的事情，这意味着管理层太不稳定了。

所以企业可以编制滚动预算，滚动预算可以看到一个月以后、半年以后或者是一年以后的预计情况，比较符合企业所面临的市场情况。

预算调整的程序

预算根据调整的内容分为预算内的调整和预算外的调整。

1. 预算内的调整

对于不影响预算目标的经营预算、资本预算之间的调整，企业可以按照内部授权批准调整。

企业可以通过内部的预算管理文件明确内部调整事项的具体内容，审批权限、审批人及备案文件的情况。

例如，企业原计划购买 A 企业的产品，因 A 企业不能及时供货，在不影响采购价格和质量的情况下，采购部门决定购买 B

企业的产品，该预算调整事项即属于预算内的调整。只要经过核实，并经有权限的领导审批，该项预算即可调整。

2. 预算外的调整
①对执行单位的预算调整报告进行审核分析

调整不是说调就能调的，首先看调整报告陈述的事情是否合理。

例如，采购部门报告采购预算要调整，原材料价格在上涨，已经不能按照原定的价格购买到材料了。这可能是一个事实，但采购部门之前有没有想过，材料可能会上涨，有没有提前对材料价格上涨的情况进行一些分析和必要的风险规避？

材料的预算一旦调整，公司的总体预算目标就会调整。材料是生产成本的重要组成内容，材料价格涨了，成本上去了，企业除了给供应商涨价之外，还有没有其他的办法可以降低成本呢？这是需要考虑的实际问题。

②集中编制企业年度预算调整方案

上文提到，一旦材料价格进行调整，成本也会随着增加，财务部门除了核对市场价格是否变动的情况外，还需要编制预算调整方案。

预算调整方案以下内容包括：

在只改变材料价格的情况下，利润降低多少？

如果想获取原来的利润，产品价格要增加多少？

如果想获取原来的利润，其他成本必须降低多少？

第八章 | 预算的调整、分析及考核：在做的过程中完善自我

这里只是列举了材料成本预算发生变动的情况，企业实际遇到的情况会比较复杂。

③提交预算管理委员会、董事会或总经理办公室审议批准

预算审核意见及预算调整方案确定后，应交与预算管理委员会、董事会或总经理办公室审议批准。审议的意见即为最后的意见，审议通过后，按照新的预算方案执行。

■ 做好预算，分析和考核少不了

俗话说，编筐编篓贵在收口。预算在最后的环节是分析及考核。

预算分析——借我一双慧眼

预算分析通常由预算管理委员会负责，如果企业没有成立预算管理委员会，应该由企业的财务负责人进行综合分析。

对预算进行分析的人必须对企业的实际情况非常了解，如果分析人对各个部门的业务情况不了解，就很难找出预算中的核心问题。

另外，企业的预算分析也要从自我分析入手，每次召开预算分析会议的时候，各个部门都要就实际与预算之间存在差异的原

因进行说明,并提出改进方案。

执行过程监控得好,预算成功实施的可能性就大。所以,在执行的过程中分析的主要目的是监控流程,让实际工作目标与预算目标相一致。一旦实际目标与预算目标偏离,应立即向预算管理委员会汇报。

例如,企业预算的销售数量2月份是5万吨,实际销售量为4万吨,相差1万吨,企业应分析在执行过程中是预算做得不够准确,还是市场发生了重大变化影响了销售,抑或是销售部门没有全力以赴地完成任务。

有一只羊住在山脚。它看着远处山上绿油油的,就想,山顶上的草一定非常肥美。于是它下定决心,去吃山上的草。

山很高,它爬得很累。累的时候,它就告诉自己,我一定要吃到山顶的草,我一定可以坚持爬上去。

于是它爬呀爬,终于爬上了山顶。

可到了山顶后,它才发现,原来山顶上根本就没有草,只有高大的树木,而它爬上来的沿途全都是草。

其实,过程就是结果,企业监控好过程,就会有好的结果,否则,结果与预算相差很多的可能性就会大大增加。

第八章 | 预算的调整、分析及考核：在做的过程中完善自我

预算在考核中的应用——算得好，不如做得好

预算到了考核阶段就该是开花结果的时候了。企业各层级忙忙碌碌又一年，一个预算的结束宣告着另一个预算的开始。

"预算的开始"在开篇已经讲完了，"预算如何与绩效考核联系起来"在前面章节中也有介绍，下面我们来说说"预算的结束"——预算考核。

有一家国有企业曾经找我去做全面预算，他们想使用全面预算管理软件。我在初步了解这家企业的经营情况后，对他们说，你们先别忙着使用软件，你们需要的是先改变企业的管理模式。因为如果不结合绩效考核，预算很难最终落实。而绩效考核是企业管理最为敏感的神经，如果你们还没有想好如何考核，使用全面预算管理软件就有些不合适了。

目前，比较适合这家企业的预算方式是，企业先做简单的预算管理要求，建立预算管理制度，完善财务预算职能，让预算的指标和财务核算的口径相配比。等这些基础工作做完后，再着手做考核制度，然后再使用全面预算管理软件。

考核是企业给员工、团队的最后一块奶酪。如果这个奶酪分不平均、分不好，由此引发的内部矛盾是非常可怕的。

目前比较流行的考核方式有关键业绩指标考核法和平衡计分卡，这两种方法都是在具体应用层面；还有一个更高的指标

即经济利润。

1. 关键业绩指标考核法

关键业绩指标考核法是把对绩效的评估简化为对几个指标的考核。具体做法是把关键业绩指标作为评估标准，把员工的绩效与关键指标进行对比。所以，在评估的时候关键指标的确定是非常关键的。

关键指标需要符合 SMART 原则。

具体性（Specific），指标要明确，如产量、销量、成本、费用、利润等。

衡量性（Measurable），指标能用数据进行衡量，如果没法衡量，就谈不上对比。

可达性（Attainable），指标要能实现，如果不能实现，这个指标就没有指导意义了。

相关性（Relevant），指标要与战略、预算相吻合，不能单独设立指标；也要与各个部门的工作符合，不能脱离工作谈指标。

时限性（Time-bound），指标要有一个实现的期限，不能是无限期的空头支票。

2. 平衡计分卡

平衡计分卡是一种革命性的评估和管理体系，反映了财务和非财务衡量方法之间的平衡、长期目标和短期目标之间的平衡、外部和内部的平衡、结果和过程的平衡、管理业绩和经营业绩的平衡等多个方面,它打破了传统的只注重财务指标的考核体系。

第一,财务层面,主要内容包括收入的增长、收入的结构、降低成本、提高生产率、资产的利用和投资战略等。

第二,客户层面,主要内容包括市场份额、老客户挽留率、新客户获得率、顾客满意度、从客户处获得的利润率。

第三,内部运营层面,指标涉及企业的创新过程、经营过程和售后服务过程。

第四,学习与成长层面,指标涉及员工的能力、信息系统的能力与激励、授权与相互配合。

3. 经济利润

企业关注经济利润是对的。但会计利润和经济利润是不同的。会计利润是按照会计核算准则计算出来的,比较保守,并且不承认股东的钱也是有成本的,但事实上,股东的钱是有成本的,而且成本很高。经济利润是从股东的角度出发的,重点在考核价值,而非利润。

经济利润考核价值的出发点是什么呢?

例如,企业的资产是10亿元,其中负债资金是4亿元,且里面的 2 亿元为有利债务，债务资金的利息率为 8%，每年企业需要支付的利息 = 20000 × 8% = 1600（万元）。

如果，企业当年的息税前利润（没扣除利息和所得税前的利润）是 1600 万元，那么企业支付完银行的利息后，没有任何盈利。股东投资给企业的钱没有任何回报。

如果企业当年的息税前利润是 3000 万元，那么企业支付利息后还剩下 3000 – 1600 = 1400（万元）的利润，假设所得税率为 25%，企业税后的净利润 = 1400 ×（1 – 25%）= 1050（万元）。

对于企业来说，当年税后净利润为 1050 万元，这个数字是多还是少？是高还是低？股东投资了 6 亿元，当年获利 1050 万元，这个利润水平是否给企业创造出了价值呢？

这就是经济利润考核法能说明的问题了。

假定，股东要求的投资资本回报率是 15%，那么股东投资 6 亿元，最低的税后利润要求是 60000 × 15%=900（万元），即企业税后利润超过 900 万元的部分是企业股东创造的价值。

那么，企业又是如何运用经济利润法对企业的经营情况进行考核呢？很简单，可以根据企业的实际情况确定经济利润的计算方法。

以上给大家简单介绍了三种考核方法，这三种方法的侧重点和具体的使用方法各有不同。其实，三种方法完全可以整合起来，再进行一些操作。

第八章 | 预算的调整、分析及考核：在做的过程中完善自我

第一，在战略上，使用经济利润法，考核公司为股东创造价值的能力。

第二，在实施上，用平衡计分卡的模式，选择合适的关键绩效指标，将考核落到实处。

无论预算的结果与实际相差有多大，企业都要客观地接受这个结果。

如果实际比预算做得好，要分析好在哪里，是管理水平上去了，还是市场行情普遍都很好。如果实际比预算做得差，要分析差在哪里，是管理水平下去了，还是整个市场行情普遍都很差，然后从中吸取教训，为下一期间的预算工作做准备。

过去的已然过去，未来的还没有来。其实，我们唯一能做好的就是现在。

欲经营好企业，请从今日始！

本章小结

1. 企业预算也需要适时调整。预算要根据市场环境、经营条件及政策法规的变化进行调整。
2. 对企业预算进行分析的人必须了解企业的实际情况。此外，各部门的自我分析也是企业预算分析不可或缺的部分。

［1］财政部会计资格评价中心. 财务管理［M］. 北京：中国财政经济出版社，2009.

［2］中国注册会计师协会. 财务成本管理［M］. 北京：中国财政经济出版社，2011.

［3］钱力，胡能武. 企业盈利关键点：全面预算管理［M］. 北京：北京联合出版公司，2019.

［4］刘亚莉. 总经理财务一本通［M］. 北京：北京联合出版公司，2020.